치매와 함께하는 여정

조각난 기억,
사랑으로 남다

최정숙 시집

반달뜨는꽃섬

치매와 함께하는 여정

조각난 기억, 사랑으로 남다

序

허수아비

너른 들녘 외로이 서서
흐느적흐느적 바람 따라 춤을 춘다

뙤약볕에 빛바래고
폭우에 젖고 폭풍에 찢기며
하루도 쉼 없이 새 떼 쫓는 제 일에
발을 땅에 박고 시름한다

가을걷이 끝날 즈음엔
볼품없는 몰골로 흐느적흐느적 춤을 춘다
그래도 제 소임을 다했다며 가을 들녘 바라보며
허허 허허 허한 춤을 춘다

늦은 가을 허허롭게 흔들거리는 허수아비
내 아비, 어미와 닮아있다

...그리고 나와 닮은 듯

contents

序

책을 펴내며

1부 _ 기억의 조각들

조각난 기억　17

흔적　18

배회　20

오늘도 보따리를 싼다　22

망상　24

거울　26

휴지 사냥　28

숨바꼭질　30

주먹을 날리는 이유　32

자리 바꿔도　34

밥 안 주나　36

호구조사　38

눈　40

무서운 병　42

2부 _ 사랑의 잔상

47　도둑의 그림자

48　불효자

50　사량섬 (사량도)

52　작별

54　님을 그리며

56　도시 부산

58　내 맘속의 그림 1

60　내 맘속의 그림 II

62　기억 속의 아버지

64　엄마의 마음

66　나의 엄마

68　다 잊었다

70　자기소개

72　영도다리 난간위에 초승달만 외로이 뜬다

74　고향

76　비상대피훈련

내 친구는   78
나의 딸은   80
코로나의 그림자   82
여, 얼마요   84

3부 _ 요양원의 일상

면회   91
잡채   92
품삯   94
배 아픔   96
식사의 고통   98
무정한 세월   100
난 오늘도 전화를 한다   102
일거리   104
여기가 좋아   106
약   108
단절의 시간   110
마지막 잎새   112
나의 기도   114
이대로가 좋아   116

118　임종
119　이사의 소감
122　절망
125　이젠 나도
128　고마워요
131　이별의 공간

4부 _ 자연의 속삭임

137　변덕쟁이 날씨
138　낙엽
140　야생화
142　노인과 겨울
144　오늘의 날씨
145　비와 나
146　무심
148　달빛
150　인생 날씨
152　가을 나들이
154　새라면 구름이라면

5부 _ 따뜻한 손길

기억의 조각들   159
마음의 짐   160
옷 갈아입기   161
욕창 예방의 노래   164
기능의 저하   166
상황 대처   169
올바른 케어   170
한계의 순간   172
존중의 의미   174
양 치   178
충격의 순간   180
그늘 속 자존심   182
소중한 대화   184
눈물의 의미   187
배회하는 걸음   188
빛을 잃은 영혼이 머문 자리   190
추억, 사랑으로 남다   192

〈 추천사 〉
196   100세 시대, 우리 모두를 위한 시집
200   조각난 기억들이 빛나는 순간
203   책을 마치며

책을 펴내며

   치매는 잊혀짐의 병이지만, 그 안에는 여전히 한 사람의 삶이 고스란히 담겨 있습니다. 기억이 희미해지고 세상이 낯설어지는 순간에도, 어르신들의 마음속에는 지워지지 않는 이야기와 감정이 자리하고 있었습니다. 요양원에서 치매 어르신들과의 교감을 통해, 저는 그들의 마음속 깊은 이야기를 글로 담아내는 여정을 시작했습니다.

   어르신들의 이야기를 시로 표현해 그들의 침상 옆에 붙여드렸을 때, 이 시가 어르신들에게 얼마나 큰 기쁨을 주었는지 느낄 수 있었습니다. 그 기쁨은 제게도 따스한 위로로 다가왔고, 어르신들의 응어리진 마음을 조금씩 풀어주며 삶의 태도와 의지마저 변화시키는 놀라운 경험을 선사했습니다. 그 과정에서 저 역시 어르신들을 통해 20대와 30대에는 깨닫지 못했던 감정들을 배우고, 타인의 마음을 더 깊이 공감하는 법을 익혔습니다.

   "삶은 멀리서 보면 희극이고, 가까이서 보면 비극이다." 치매라는 현실은 비극처럼 느껴지지만, 어르신들과의 대화 속에서 마주한 순수한 미소와 따뜻한 마음은 제게 삶의 희극적 면모를 일깨워주었습니다. 어르신들과 함께 나눈 과거로의 여행은 때로는 가슴을 먹먹하게 만들었지만, 그 여정은 제 삶을 더 깊고 풍요롭게 해주었습니다.

이 글은 치매 어르신들과의 교감 속에서 얻은 깨달음을 담은 기록입니다. 치매는 단순히 병으로만 인식되는 것이 아니라, 인간의 삶과 관계, 그리고 존재에 대한 깊은 성찰의 기회가 될 수 있습니다. 어르신들의 이야기를 글로 정리하는 과정은 저를 우울함에 잠기게 할 때도 있었지만, 그 속에서 오늘 하루를 더 소중히 여길 수 있는 감사의 마음을 배울 수 있었습니다.

저는 현재 요양보호사 교육원에서 교육 강사로 활동하며, 치매 어르신을 더 잘 이해하고 돌보기 위한 방법을 고민하고 있습니다. 이 책이 치매 어르신을 돌보는 가족과 현장의 종사자들에게 조금이라도 도움이 되기를 바라며, 또한 일반인들에게도 치매에 대한 인식을 바꿀 수 있는 작은 계기가 되기를 희망합니다.

어르신들과 나눈 교감은 단순한 돌봄을 넘어 삶의 의미를 되새기는 시간이었습니다. 이 책이 그 따뜻한 순간들을 독자들에게도 전할 수 있기를 바랍니다.

사회복지사 최 정 숙

1부
조각난 기억들

조각난 기억

말은 입에서 어긋나고
단어들은 머릿속에 맴돌며
분명 알 수 있을 것 같은데
맞지 않는 퍼즐 조각처럼
어디에 놓아야 할지 알 수가 없고

어제의 일인지
아니면 먼 옛날의 이야기인지
시간은 나에게 장난을 치고
흐릿한 안개 속을 거닐 듯

현실과 꿈의 경계를 넘나들며
내 기억의 거울은 금이 가버렸다

조각난 기억의 틈새로
희미하게 빛나는 순간
그 속에 내가 있었다는
진실만이 남아 있을 뿐
더 이상 나를 찾을 수 없다

흔적

요년들아
너만 예쁜 줄 아나
나도 한때 예쁜 얼굴
자랑하던 시절 있었다

지나가던 사람들
앞으로 와서 보고
뒤돌아서 보고
저만치 가다가 다시 보고
벙글벙글 괜찮았다

세월에 삭아 빠질 줄
내 몰랐다
세월은 지나고
한때의 자랑은 기억 속에 머물고
이 모두 세월의 선물인걸

모든 것엔 순간이 있으니
한때의 나도
지금의 너도
그저 지나온 세월의 흔적인걸

시 노트

어르신은 세월이 지났지만 과거의 아름다움과 멋짐을 자랑으로 여깁니다. 젊은 시절 주위의 이목을 받았던 기억은 큰 자부심이자 소중한 이야기로, 지금도 그 시절을 강조하십니다. 와상 상태로 침대에 누워 계신 어르신은 인물이 좋으신 분으로, 자신의 과거를 인정받고 들어주는 것에 깊은 만족감을 느끼십니다. 이러한 대화는 어르신에게 과거의 자신을 되찾는 기쁨을 주며, 현재의 삶에 대한 긍정적인 시각을 갖는 데 큰 도움이 됩니다. 세월의 흐름 속에서도 그 기억은 소중하게 남아 있으며, 모든 순간이 지나온 흔적임을 깨닫고 받아들이는 모습을 보여줍니다.

배회

해가 저물고
하늘이 붉게 물들면
그의 마음도 흔들린다
혼란이 스며드는 저녁
자꾸만 떠나는 발걸음
어디로 가는지도 모른 채
길을 잃고 헤맨다

석양의 그림자 아래
사라진 기억의 조각들을
찾아 나선 그의 여정은
끝없이 이어지겠지만
마음의 연결은
여전히 그 자리에 있음을

어둠이 몰려오면
소리 없는 불안이 고개를 들고
기억은 흐릿해지고
그의 눈빛은 불안으로 흔들린다
왜인지 알 수 없는 두려움
쫓기듯 세상을 떠도는 것 같다

석양 속을 배회하면서
마음을 다독인다

난 오늘도 보따리를 싼다

나 가야 하는데
나 좀 데려다주소
난 오늘도 보따리를 싼다

나 가야 하는데
무슨 일인지
내가 왜 여기에 와있는지
아무리 기억하려 해도 생각이 나지 않소

나선 곳에 버려진 나는 두렵소
아는 사람 하나 없는 이곳이 두렵소

날 좀 데려다주소
나 신모라 주공 사는데
식구를 찾으러 가야것소

이 콩 다 고르면 날 데려다 줄란교

시 노트

치매에 걸리면 생각도 없어지고 무념무상 행복해질 것으로 여기는데 사실 기억을 잃어가는 당사자는 낯선 곳이 무섭고 두렵습니다. 어린아이가 길을 잃고 헤매는 마음과 같을 것으로 보여집니다. 일반적 치매 환자들의 행동심리증상으로 배회 행동에는 다양한 요인들이 있습니다. 특히 저녁이 되면 뇌의 각성 수준이 떨어지게 되면서 귀가 욕구가 더 심해지고 집에 돌아가겠다며 가만히 있지 못하고 쉽게 화를 내거나 과민반응을 보입니다. 강박적이거나 난폭 행동을 보이기도 하며 심한 경우 환각이나 망상 증상도 나타납니다. 이를 일몰증후(석양증후군) 현상이라고도 합니다.

어르신들의 귀가 욕구를 콩고르기 및 어르신이 좋아할 만한 다양한 프로그램을 적용시켜 생각을 전환시키는 것이 도움이 됩니다. 어느 나라에서는 버스정류장을 만들어 배회 욕구를 해소한다는 글을 본 적이 있습니다. 우리나라는 초고령화 사회에 진입하였는데도 불구하고 치매에 대한 사회적 낙인으로 인하여 치매 사실을 밝히기를 두려워하는 현실이 안타깝습니다.

망상

아까 나간 년 봤나
내 며늘 년이다

깜냥도 안되는 것이 아들 꼬여
결혼한 나쁜 년이지

내 아들 등골 휘도록 일하여 번 돈
다 빼돌린 년이고

내 패물 몰래 훔쳐 가는
도둑년이다

내 재산을 노리고 들어온 게 분명해

시 노트

치매가 진행되면서 심리적 이상행동을 자주 보이시고, 급기야 며느님을 도둑으로 몰고 가는 상황이 발생합니다. 평소 사이가 좋지 않았던 감정이 치매로 인해 피해망상이나 질투망상으로 발전한 사례입니다. 요양원에 오신 후에도 며느님에 대한 불만을 표현하시거나, 요양보호사 선생님에게 집요하게 의심을 품고 욕설을 하시는 경우가 있습니다.

이런 행동은 치매의 행동심리증상 중 하나이며, 다른 사람들 앞에서는 멀쩡하게 행동할 때도 있어, 가끔 어르신의 말씀을 진실로 받아들이는 경우도 발생합니다. 이로 인해 치매 어르신의 말만 믿고 케어자를 도둑으로 몰아 경찰에 고발하는 사건이나, 가족 간의 의심이 생기는 경우도 종종 볼 수 있습니다. 도둑망상의 이면에는 "내가 잊어버렸을 리가 없어"라는 마음이 깔려 있습니다. 이러한 경우에는 어르신의 말을 수용하고, 함께 찾아보는 것이 중요합니다.

거울

목욕을 하고 나서는데 험악한 놈이
나를 노려본다
겁을 주고 눈을 째려보며 위협을 줘도
놈은 꿈쩍도 않고 나를 째려본다
나를 무시하는 갠가

화를 내고 고함을 질러도
더 큰 소리로 화내는 놈 앞에서
어찌할 바를 모르겠다
나를 무시함이 분명한데
마땅한 생각과 방법이 떠오르질 않는다

한 대 쳐버릴까
분노와 두려움 공포가 내 몸을 휘감아
온몸이 떨려온다

어르신 뭐 하세요?
거울이잖아요

시 노트

어르신은 거울 속에 비친 자신을 인식하지 못하고 공격적인 행동을 보이고 계십니다. 치매로 인해 망상이나 환각, 착각 같은 증상이 나타날 수 있는데, 이러한 증상을 더욱 자극하는 요소인 거울은 제거하는 것이 필요합니다. 이처럼 생활 속에서 치매 어르신을 자극하는 요소를 빠르게 판단하고 제거하는 것이 중요합니다.

이를 통해 어르신의 불안감을 줄이고, 보다 안정된 환경을 제공할 수 있습니다. 케어의 핵심은 어르신의 상태를 세심하게 관찰하고, 그들의 심리적 안정을 도울 수 있는 방법을 모색하는 것입니다.

휴지 사냥

햐, 요상한 동네 왔구나
한방 쓰는 할망들이
요상하기 짝이 없다
휴지 올려놓으면
살랑 들고 가서는
찢어발겨 숨겨 놓는다

화장실 가고 싶은데
휴지가 또 사라졌다
다른 할망이 들고 가서
서랍 깊은 곳에 숨겨둔다

휴지 없다고 또 고함친다
할망들이 숨겨 놓은 휴지는
한번 들어가면 다시는 못 나온다

할망들은
오늘도 휴지 사냥에 나선다

시 노트

요양원 어르신들 중에는 치매로 인한 행동심리증상으로 수집증이 심한 경우가 많습니다. 특히 화장지를 귀한 물건으로 여겼던 시절을 경험한 분들은 요양원 생활에서 미리 준비해야 한다는 생각에 집착하는 경우가 잦습니다. 이러한 수집증은 어르신의 심리적 안정감을 반영하기도 합니다. 무조건 빼앗으려 하면 거부반응이 심하므로, 어르신의 감정을 인정하고 그들의 소중한 물건을 존중하는 것이 중요합니다. 이와 같은 접근이 어르신의 심리적 안정에 도움이 되고, 보다 원활한 소통을 가능하게 합니다.

숨바꼭질

옆 침대 할마이는
맨날 지갑을 찾아
온 방을 뒤적인다
꼭꼭 숨겨두고
또 방을 헤매인다

도둑 누명 씌울까
두려워
나도 같이 찾아 나섰다

또 한바탕
이어지는 숨바꼭질
여기 있네, 여 숨겨 놨네
허허, 참.

하루에도 수차례
내 옆자리 할마이는
지갑 찾아
옷가지를 풀었다
쌌다를 수없이 반복한다

참말로 못 살것다
"여 지갑 있네."

****

시의 주인공인 어르신은 결국 다른 방으로 옮기셨습니다. 새로운 방이 너무 마음에 든다고 하셨고, 매일 지갑 없어졌다는 소리에 마음이 불편하였는데, 그런 소릴 안 들어서 좋다는 말씀을 하셨습니다. 그러나 함께 계셨던 치매 어르신은 자꾸 찾아와 왜 나갔는지 물어보며 많이 서운해 하십니다. 이럴 땐 어르신 때문이었다는 이유를 말씀드릴 수도 없고, 직원들도 난감한 상황에 처하게 됩니다. 서로의 감정이 얽혀 복잡한 마음이 교차하는 것을 느낍니다.

주먹을 날리는 이유

난 부끄럼을 많이 탄다
이래 봬도 난 남자다

갑자기 내게로 와서 말도 없이
내 아랫도리를 쑥 내리며
'아이구 많이도 쌌네' 한다
난 부끄럽고 나 자신에게
화가 나서 주먹을 날린다
'어르신 왜 이래요' 하며 화를 내지만
난 더 부끄럽고 화가 난다

선생이 바뀌는 것 또한
스트레스고 불편한 일이다
낯선 이에게 나의 몸을 맡기는 것이
더 부끄럽고 불편하기 짝이 없다
오늘 또 주먹을 날렸다

시 노트

이*백 대상자는 다른 어르신들에 비해 나이는 적지만, 대부분의 시간을 침대에서 보내며 언어장애로 인해 말을 하지 못하십니다. 처음 대할 때는 폭력적으로 보일 수 있으나, 사실은 부끄러움이 많고 내성적인 성격을 가진 분입니다. 신입 요양 선생님들은 종종 어르신에게 맞는 상황을 목격하게 되는데, 말없이 이불을 교체하는 등의 돌봄의 문제와 소통 부족에서 발생합니다.

 많은 대상자들은 시력 및 청력 저하와 만성질환으로 인해 자신의 의사를 표현하기 어려운 경우가 많습니다. 언어적 의사소통은 의사소통의 7%에 불과하므로, 비언어적 요소에 주목하는 것이 중요합니다. 예를 들자면, 대상자의 방에 들어갈 때 먼저 방을 노크하여 기척을 보낸 다음, 대상자와 눈을 맞추고 바라보며 필요한 케어 실행을 알린 후, 케어 행위를 실황 중계하듯이 말하고 접촉 시, 손길에서 안정감과 편안함을 느낄 수 있도록 돕습니다. 식사 시, 가능하면 침상에서 분리하고 몇 분이라도 서 있을 수 있도록 돕는 행동이 근력저하 예방과 와상이 되지 않도록 돕는 행동입니다.

자리 바꿔도

어제 새로 들어온 할마이
마주 보고 식사를 하려니 속이 뒤집어지고
토액질이 나올라 해서 밥을 못 먹겠다

자꾸 침을 뱉어내는게 버릇인지 병인지
휴지로 뱉고 손으로 훑어내는 것 보고는
토액질이 나서 마주 보고 밥을 못 먹겠다

건거이 장거이 먹으려해도
목구멍에서 안 받는다
마주 보고 밥 못 먹는다
제발 바꿔도 더러워 못 견디겠다

침대 옆자리 비어서 좋은 친구
하마 들어 올란가 기다렸는데
문디 복도 지지리도 없다
좋은 할마이 기다리는 내가 미친 거지
여기 어디 쓸만한 할마이가 들어오나

나부터 쓸모없어 들어온 인생인데
나도 불쌍하고 저 할마이도 안 됐지만

우짜겠노
선생 자리 바꿔도

****

치매의 증상은 대상자마다 다르게 나타납니다. 최근에 입소하신 어르신과 친해지기 위해 같은 식탁에 마주 앉아 식사를 하도록 자리를 배치했는데, 하루를 지낸 후 이와 관련된 고민을 상담해 오셨습니다. 다행히도 어르신이 방은 함께 쓰겠다고 하셔서 식탁 자리만 따로 배정해 드릴 수 있었습니다. 이런 소통과 배려는 어르신의 정서적 안정에 큰 도움이 되며, 서로의 존재를 통해 긍정적인 관계를 형성할 수 있습니다. 또한, 이러한 과정은 요양원에서의 생활에 적응하는 데에도 중요한 역할을 합니다. 앞으로도 어르신의 마음을 헤아리며, 따뜻한 교감을 이어나가길 바랍니다.

밥 안 주나

"밥 안 주나, 밥 안 주나?"
아까 드렸잖아요

"밥 안 주나, 밥 안 주나?"
사람 굶겨 죽일라나?
아까 드셨잖아요

"밥 안 주나, 밥 안 주나?"
굶고 우예 잠이 오것노?
아까 식사 하셨잖아요

난 먹은 기억이 전혀 없는데
자꾸 아까 먹었다고 한다

시 노트

치매 대상자 중 한 어르신이 인지심리증상을 보이며 식탐을 보이는 경우가 있습니다. 매일 식사를 하신 후에도 계속해서 밥을 달라고 하십니다. "아까 드렸잖아요?"라고 말씀드리면, 어르신은 "내가 언제 먹었노?"라며 무시당한 느낌을 받거나, 전혀 그런 적이 없다고 생각하여 화를 내기도 합니다. 이럴 때는 "예, 지금 밥을 준비 중입니다."라고 말씀드리는 것이 적절합니다.

이런 식탐은 포만 중추 신경의 손상으로 인한 경우도 있지만, 단순히 배가 고파서 나타나는 것이 아닙니다. 심리적으로 불안하거나 초조함, 외로움, 무료함 등 다양한 정서적 원인이 작용할 수 있습니다. 따라서, 어르신의 마음을 이해하고 공감하며, 심리적 안정을 제공하는 것이 중요합니다. 식사 외에도 대화를 나누거나 함께 활동하는 시간을 가지는 것이 도움이 될 수 있습니다.

호구조사

집사람 이름은 말순이
큰아들 이름은 ……
딸 이름은 …… 경숙이

큰아들 이름은 ……
그딴 거 와 묻노 뭐 할라고
안 가르쳐 줄란다

내가 기억을 못 할까봐 테스토하는 기가
내가 아들 이름 모를 줄 아나
안 가르쳐 줄란다

….
참말로
도무지 떠오르지 않는다

시 노트

치매가 진행되면 질문을 할 때 더욱 조심해야 합니다. 인지기능이 심하게 저하된 대상자에게 부담을 주는 질문은 불안감과 초조감을 증가시킬 수 있으며, 이로 인해 말다툼이 발생할 수도 있습니다. 따라서 질문하기 전 미리 답변을 준비해 오는 것이 중요합니다. 대화 중 어르신이 기억을 잘 하지 못할 때는 그에 맞는 힌트를 제공하여 기억을 상기시킬 수 있도록 도와주는 것이 바람직합니다. 이렇게 하면 대화가 자연스럽게 이어지고, 어르신의 자존감을 지키며 긍정적인 상호작용을 유지할 수 있습니다. 대화를 통해 신뢰를 쌓고, 편안한 환경을 조성하는 것이 중요합니다.

눈

아이고
눈이 오네
히~야 펄펄 날리네
오랜 만에 보는 눈이다
겨울인갑다

아이고 큰일이다
보소 선생
뭐 뒤집어 쓰고
나갈거 없는교

어르신
어딜 가시려고요

집에 가야지
맨날 여기 놀고 있을 수 있나
집에 가서 밥해 놓고
애들 기둘러야지

서둘러야것다
바닥에 눈 쌓이기 전에

가봐야 한다
얼른 빌려주라
급하다

****

어르신과의 의사소통에서 현실을 인지시키는 것도 중요하지만, 치매 정도에 따라 어르신의 말씀을 수용하는 태도도 필수적입니다. 어르신들은 금방 잊기도 하지만, 일상 대화 속에는 자녀에 대한 깊은 사랑이 담겨 있습니다. 그들의 감정을 존중하고 이해하는 것이, 안정감을 주고 긍정적인 관계를 형성하는 데 도움이 됩니다. 따라서 어르신의 이야기를 경청하고 공감하며, 그들이 느끼는 감정에 귀 기울이는 것이 중요합니다.

무서운 병

내 옆자리 할마이는 잠도 없다
했던 말 또 하고 또 하고 또 한다

조용히 해 달라면 적반하장
날더러 시끄럽다고 나가란다
이 방에 들어온 순서도
내가 먼저인데
날 보고 나가라 하니 기가 찬다

화가 치밀어 붙어 싸우고 싶지만
정신없는 할마이와 싸워 봤자
나만 손해라는 것쯤은 안다

선생 들어봐라
미친 할마이 밤새도록 지껄여
나 잠도 못 자겠는데 우짜면 좋노
저 할마이를 꺼집어내라
문디 지랄*하는 꼴을 못 보겄다

참말로 무서운 병이다

시 노트

어르신은 경중 층에 계시며 망상을 보이며 누군가와 대화하는 모습을 자주 보입니다. 이러한 행동은 종종 다툼으로 이어지기도 합니다. 요양원에서는 어르신들이 인지 정도에 따라 경도, 중등도, 중증으로 분류되지만, 대부분 치매를 앓고 계십니다.

각 개인마다 치매 증상은 다르게 나타나며, 어떤 분은 지속적으로 누군가와 대화하듯 중얼거리기도 하고, 또 어떤 분은 무감동적인 행동이나 초조행동으로 배회하는 모습을 보이기도 합니다. 이러한 증상이 나타날 때, 무작정 방해하거나 억제하면 공격성을 보일 수 있으므로, 차분하게 행동을 전환할 수 있도록 돕는 것이 중요합니다. 대상자가 좋아하는 활동을 제공하거나 산책을 유도하는 방법이 효과적일 수 있습니다. 이러한 접근 방식은 어르신의 감정을 안정시키고, 그들의 행동을 보다 긍정적인 방향으로 이끌어 줄 수 있습니다.

* 경상도 지역에서는 '문디 지랄' 이라는 말을 생활 속에서도 자주 쓰는 언어지만 가벼운 욕으로도 사용된다.

2부
사랑의 잔상

도둑의 그림자

"도둑이 들었어!"
그 소리에 나는 얼어붙었다
잃어버린 물건과 의심의 눈빛
그녀의 세상은 소란스러워지고
원망과 불안으로 흔들린다

함께 물건을 찾는 순간
나는 아무렇지 않게 행동해야 해
"그렇지 않아, 도둑은 없어"
소리 없는 진실이 숨을 죽이고 있다

이해받지 못하는 외로움, 상실감,
기억의 파편들이 던져지는 듯
불안한 얼굴은
도둑의 그림자를 피하지 못한다

잃어버린 것들을 찾는 과정 속
그녀의 마음속 어둠을 밝혀주는
작은 빛이 되기로 결심했다

불효자

아부지를 절절하게 외쳐 부르는
어르신의 아부지 소리는 비수가 되어
내 심장을 후비고 지나간다

어르신도 아부지가 있었고
그 아부지의 사랑이 그리워
치매로 정신을 잃어가면서도
그리운 아부지를 찾는 중이리라

나 역시도 아부지로부터 무한한 사랑을 받고 자랐고
돌아가실 때까지 근심과 걱정을 안겨드렸지만
나중에 내가 잘살게 되면 그때 효도하겠다는
말을 수시로 하며 미루어 두었다
편찮은 아부지를 자주 찾아봬야 했는데
그렇게 하지 못한 것이 내내 후회가 된다

'부모는 기다려주지 않는다'는 말을
돌아가신 이후에야 그 의미를 새겨듣게 된 나는
아부지를 부르며 찾는 어르신 땜에
가슴 깊은 곳에 숨겨둔 그리움과 회한이
폭발하여 어르신과 함께 흐느낀다

'산 효자는 없어도 죽은 효자는 있다'는
옛말이 틀린 적이 없는 것 같다

사량섬(사량도)

텔레비에 나오는 바다만 봐도
가슴이 일렁인다
나 살던 사량섬

조개, 굴, 홍합, 돌미역, 우뭇가사리
홀개비, 파래, 돌멍게, 우렁쉥이...

파도가 부서지는 바위틈에
따 올리는 보물은
나와 내 가족의 삶이였지

내 이름 딸막이
동리에서 개발을 잘 딴다고
개발*귀신이라 그랬었지

이제 사량 섬에 남은 식구가 없어
가볼 일 없지만
내 가슴 속 추억은 자꾸
사량섬을 향한다

시 노트

치매에 걸리면 과거 오래된 기억이 불현듯이 생각난다고 합니다. 치매 어르신 대부분 현재보다 어린 시절의 기억을 현실감 있게 표현하시는 경우를 자주 보며 추억을 생생하게 떠올리시는 모습을 볼 수 있습니다. 과거의 어느 시점의 사람이나 물건 장소에 대한 기억만이 남아 있는 경우 이러한 기억들에 대해 대상자와 이야기기를 나누고 기억을 확인하는 단서로 활용하면 인지기능 향상 및 정서적 안정감에 도움이 될 수 있습니다.

* 개발 : 바다에서 캐내는 해산물을 모두 개발이라고 칭함.

작별

그녀는 요양원 마당으로 들어선 차에 내려
몹시 불안한 눈빛으로 아들 손에 이끌려
안으로 걸어 들어왔다

그녀는 요양보호사의 손에 넘겨져 생활실로
걸어 들어가는 순간
먹구름이 깔린 바닷가 일렁이는 파도 앞에서
어린 자식 부둥켜안고 남편을 떠나보냈던
잊혀진 기억이 떠올랐다

그녀는 빈혈이 파도처럼 밀려와
휘청이는 몸을 가누기 어려워
온몸을 떨며 주저앉고 말았다

그녀는 방으로 들어가 창 넘어
검푸른 바다속으로 사라져가는 아들을 보며
소리 없는 통곡의 울음을 토했다

시 노트

경남 통영에서 올라오신 어르신은 남편을 바다에서 잃고 홀로 어린 자녀를 키우며 많은 고생을 하셨습니다. 남편의 빈자리를 자식에 의지하며 살았지만, 이제 그 아들의 손을 놓는 순간은 너무나도 힘든 일이었습니다. 어르신의 모습에서 그 안타까운 감정을 읽을 수 있었습니다. 헤어짐의 충격이 너무나 컸던 어르신은 아들이 사라지는 그 순간까지 창문에 붙어 서 계셨고, 아들이 사라진 후에는 침상에 누워 한동안 일어나지 못하셨습니다. 그 모습은 사랑과 그리움이 얽힌 깊은 슬픔을 표현하고 있었습니다. 이러한 감정은 어르신이 지니고 있는 소중한 가족에 대한 사랑과 상실감의 복잡한 감정을 보여줍니다.

님을 그리며

님을 묻은 산자락 아래로
찾아서 온 요양원
가끔 님이 그리울 때면
뫼가 있는 산을 바라보며
님을 그린다

강산은 변하고 또 변했건만
님과 미래를 꿈꾸었던
시절을 떠올릴 때면
허망하게 떠난 님이 생각나
가슴이 메여온다

하늘의 부름을 기다리는
이 노구의 눈엔
그리움의 눈물이 고인다

시 노트

금정산 자락에 남편의 뫼와 가까운 이곳 요양원에서 그를 그리는 시간을 가지신다고 합니다. 강산이 변해도, 남편과의 소중한 기억을 떠올리며 허망한 그리움을 느낀다고 전하셨습니다. 현재 하늘의 부름을 기다리며 그리움의 눈물이 고인다고 하셨습니다. 이러한 사랑과 그리움은 어르신의 삶에 깊이 새겨져 있으며, 과거의 소중한 순간들의 한 단면을 보는 것 같습니다.

도시 부산

태생은 남해 창선면 지족리
여기는 내 님이 나를 이끌어
꿈을 안고 찾은 도시
님을 가슴에 묻고
내 고향이 되어버린 도시
믿고 의지했던 내 님이 황망히 떠나고
막막함에 눈물로 보냈던 도시

세월은 흐르고 또 흘러
도시는 거대도시로 변해도
이 늙은 몸은 지족리를 떠나
님과 함께 미래를 꿈꾸며 상경했던
그날의 부산만 떠오른다

시 노트

어르신은 남해에서 태어나 남편과 함께 부산으로 상경했습니다. 부산은 남편과의 꿈을 안고 찾은 도시로, 그를 가슴에 묻고 고향처럼 여겼습니다. 그러나 남편이 떠난 후 막막함과 슬픔을 느끼며 눈물로 지내셨다고 합니다. 세월이 흘러 도시가 거대해졌지만, 어르신의 마음은 여전히 남편과의 미래를 꿈꾸던 그 시절 부산에 머물고 있습니다.

내 맘속의 그림 1

영변 약산 진달래 피는 골
내 고향 산천
온 산 진달래 붉게 물든 골

송이송이 피어있는 진달래 꺾어
칡넝쿨로 아름드리 다발 묶어
산을 내려올 때면
내 마음은 온통 진달래 된 듯하였다

꽃다발 건네 들고 활짝 웃으시는
어머니 얼굴은 진달래꽃이었다

시 노트

북한에 고향을 둔 할아버님은 이제 시각장애와 치매로 인해 요양원에서 생활하고 계십니다. 김소월 시인의 시 배경인 영변 약산을 고향이라 자랑하시며, 그곳의 전경을 마음속에 간직하고 계신 분입니다. 진달래꽃을 통해 유년 시절의 추억을 꺼내며, 어머님과 겹쳐지는 진달래를 노래하셨습니다. 가난했던 유년 시절, 진달래를 따 먹으며 놀던 그리움과 가고 싶어도 갈 수 없는 그 산천을 마음에 새기고 계십니다.

내 맘속의 그림 II

하얀 눈 덮이는 겨울이 들면
연하장 속 내 고향이 보인다

약산의 작은 동네 우뚝 세워진 교회
洞里에서 제일 높은 신식 교회는
목수인 아버지가 세운 집이다

높은 종탑에서 울려 퍼지는 종소리는
아버지의 자부심이었지

내 고향 영변 약산 조그만 동네
그림 같은 그곳은
이젠 내 맘속의 그림이 되었다

시 노트

어르신이 고향의 모습을 말씀하실 때, 연하장 속 그림을 감상하는 기분이 들었습니다. 어르신의 어린 기억 저편을 떠올릴 때, 가슴 한 곳에 묻어둔 그리움이 묻어나 마음이 아려왔습니다. 그리운 고향의 모습과 함께 어르신의 감정이 생생하게 전해지며, 그리움의 깊이를 느끼게 됩니다. 어르신은 망상이 심해지고 괴로워하실 때, 성경책을 안겨드리면 조금 안정을 찾으십니다.

기억 속의 아버지

울 아부지가
참말로 엄하고 무서웠고
어릴 적엔 원망도 많았지

밖에 나가면 호인이시고
청하는 사람 많아 감투도 쓰고
그 시절 많이 배운 훌륭한 분이셨지

집안에 들어오시면
자식들 교육 때문인지 우릴 떨게 만드셨고
예의범절에 벗어나는 행동은 용서가 없었지

세월이 흘러 시집을 가고 자녀를 키우며
아버지를 생각해 보니
남의 집 며느리로 잘 적응하라고
엄한 교육시킨 것을 기억해 내곤
아버지의 자식에 대한 사랑인 것을
깨우치게 되었다

기억 속의 아버지는
두렵고 엄한 분이시지만

든든하게 가족의 울타리가 되어준
멋지고 훌륭한 가장이였지
그 아버지가 새삼 그립다

******

치매에 걸린 어르신들은 자녀의 얼굴은 잊어버리더라도 부모와 함께했던 기억은 더욱 선명하게 남아 있는 경우가 많습니다. 아들 딸의 이름은 사라지지만, 아버지와 어머니에 대한 기억은 종종 더 뚜렷하게 떠오릅니다. 이러한 현상은 부모와의 유대감이 깊었음을 보여줍니다. 특히, 어르신은 정갈한 모습과 함께 배움에 대한 열정이 넘치셨고, 활발한 사회활동을 하시다가 치매로 요양원에 오게 되었습니다. 어르신은 여전히 부모에 대한 기억을 소중히 여기며, 그 시절의 추억을 이야기하는 모습을 볼 수 있었습니다. 이러한 기억은 어르신의 정체성을 유지하는 중요한 부분이며, 치매 어르신 스스로 이야기하도록 돕는 것이 가족들에게서 듣는 것보다 더 소중한 단서가 되어 케어에 실제적 도움이 됩니다.

엄마의 마음
(부제 : 내 아들 영수)

내 아들이 영수 아니가
우리 아들이다

영수가 감방서 죽을 고생
마~이했다
학교도 다 못 나왔다

그래도
장가 가서 잘 산다
내 아들 영수 아니가
여기서 일 한다

내 한테 잘 한다
내 아들 영수다

니 아나
내 아들 영수를

시 노트

이제는 고인이 되신 어르신은 같은 요양원에 근무하는 부장님 어머님이셨습니다. 과거 아들이 학생운동권으로 인해 대학을 마치지 못한 것에 대한 안타까움을 말씀하셨지만 결혼하고 직장을 안정적으로 갖게 되어 그에 대한 자랑스러움과 대견함이 넘치는 모습이 인상적이었습니다. 어르신의 눈빛에서는 자식에 대한 깊은 사랑과 희망이 느껴졌고, 그동안의 고생이 조금이나마 보상받는 듯한 기분이 드셨던 것 같습니다.

나의 엄마

부모의 심한 반대에도
사랑에 눈멀어 결혼한 인생
천애 고아 남편이 하늘로 떠나고
의지할 곳 없어 찾은 친정
출가외인 딸이라 주위 눈칫밥 속에
앞으로 뒤로 나를 보살펴준 엄마
엄마가 나의 남편이자
보호자였던 날들이었지

이제 늙어 내 손으로
할 수 있는 것 하나 없자
다시 엄마에 의지했던 지난날처럼
내 딸이 보호자가 되었다

엄마가 보이지 않으면
두려워하는 아이처럼
오늘도 딸의 전화가 없으면 불안해진다
나는 이제
엄마를 기다리는 아이가 되었다

시 노트

경증 치매를 앓고 계신 어르신은 말벗이 되어 드리면 마음속에 묻어둔 과거의 이야기들을 자연스럽게 꺼내십니다. 특히 딸에 대한 집착과 초조한 행동을 보일 때, 딸과의 통화는 큰 완화효과를 가져옵니다. 통화를 통해 딸과의 연결감을 느끼고 안정을 찾는 모습을 보며, 가족과의 소통이 어르신의 정서적 안녕에 얼마나 중요한지를 다시 한번 실감하게 됩니다. 이러한 접근은 어르신의 불안을 줄이고, 긍정적인 감정을 증진시키는 데 도움이 됩니다.

다 잊었다

어르신 고향이 어디세요
경남 창녕이다
고향 이야기 해주세요
다 잊었다

고향 떠나온 지 60년도 넘었는데
생각날 것이나 있겠나

부모도 떠나고
남은 형제도 없다
동무도 다 잊었뿟다
여기 이렇게 지내다
가면 된다

아들 손자 증손자까지 본 내가
뭔 소원이 있겠나
그냥 이래 지내다 가면 된다

시 노트

어르신은 평소 긍정적이고 잘 웃으시는 분입니다. 생각하시는 것도 담백하고, 매사에 감사함을 느끼며 지내십니다. 어르신의 말씀에는 한 점의 그리움이나 슬픔도 없어 보이며, 죽음에 대한 생각도 담담하게 받아들이는 모습을 볼 수 있습니다. 이런 태도는 주변 사람들에게도 큰 힘이 되고, 함께하는 이들에게 긍정적인 에너지를 전해 줍니다. 어르신의 삶의 자세가 얼마나 소중한 지를 다시 한번 깨닫게 됩니다.

자기소개

병든 아내 돌보다
내가 먼저 쓰러져 요양원으로 왔소
우리 부부, 자식 농사에 최선을 다했건만
늙고 병든 몸을 의탁할 곳은
요양원과 요양병원

어르신, 프로그램 나오세요
어르신, 이것 함께 해봐요
어르신, 식사 맛있게 드세요
내 귀엔 모든 게 무의미하게 들리오
아내 걱정에 마음은
요양병원을 향하오

이제 요양원 생활에 익숙해야 한단다
아내 없는 이곳에서 잘 지낼 수 있을지
걱정이 밀려오고
아직 낯선 하루가
내 마음을 짓누른다

시 노트

병든 아내를 돌보며 긴 세월을 보냈다가, 결국 먼저 쓰러져 요양원에 입소하게 되신 어르신입니다. 부부는 자식 농사에 최선을 다했지만, 이제 그들의 늙고 병든 몸은 요양원과 요양병원이라는 외로운 선택지를 남겼습니다. 요양원에서는 다양한 프로그램에 참여해 보라는 제안이 주어지지만, 어르신의 귀에는 모든 것이 무의미하게 들립니다.

마음속 깊이 자리 잡고 있는 아내에 대한 걱정이 그를 괴롭히고, 그녀가 있는 요양병원으로 향하고 싶다는 갈망이 끊임없이 일어나 보였습니다. 이제 요양원 생활에 익숙해져야 한다는 말을 듣지만, 아내가 없는 이곳에서 과연 잘 지낼 수 있을지에 대한 불안감이 밀려옵니다. 낯선 하루하루가 어르신의 마음을 짓누르며, 그리움과 걱정으로 가득 찬 모습은 고독한 삶의 단면을 보여주는 듯합니다.

영도다리 난간 위에 초승달만 외로이 뜬다

아침에 애들 밥 후딱 해주고
영도다리 건너서 일터로 향했다
고등어 배가 들어오면
상자 가득 고등어 배 따서
짭조름한 간고등어 만드는 일 하였지

남은 고등어 봉다리 싸 들고 영도다리 건너
집으로 향할 땐 자식들 입에 넣을
고등어 요리를 생각하며 신이나
노랠 흥얼거리며 다리를 건넜다

40년 세월을 하루 같이 일터로 향하던
그 시절이 고달픈 날들이었는데
이제는 그때가 그립다

선생 우리 아들은 언제 온다하더노
울 애들이 지아부지 닮아서 다~ 잘 났다
선생 봤나

영도다~리 난간위에~ 초승달만 외로이 뜬다

시 노트

노래를 잘 부르시는 어르신은 부산 영도다리 건너서 일터로 향하던 시절의 기억을 자주 떠올리며, 고등어 배 따며 불렀던 「굳세어라 금순아」를 흥얼거립니다. 남편의 반반한 외모에 먼저 반해 결혼했지만, 그가 벌이가 시원찮아 대신 고생한 일들, 그리고 술을 좋아해 속 썩였던 기억들을 험담처럼 말씀하십니다. 그럼에도 자식들은 모두 남편을 닮아 잘생겼다고 자랑스러워하시며, 그리움과 사랑이 가득 담긴 목소리로 이야기하십니다.

대화 도중에도 단기 치매 증세로 자녀들이 언제 오는지 수차례 물어보시지만, 남편과 자녀에 대한 깊은 애정은 깜박이는 기억 너머에서 여전히 강하게 전해집니다. 어르신의 이야기는 잊혀진 과거 속에서도 여전히 생생한 사랑과 그리움을 느끼게 해줍니다.

고향

고향이 어디냐고
묻지를 마라

잊었던 옛 생각에
맘 괴로워

고향 하늘 그리며
눈물이 난다

시 노트

어르신이 처음 입소하셨을 때, 고향에 대한 이야기를 나누고 싶어 여쭤었지만 어르신의 얼굴에 스치는 괴로움이 느껴졌습니다. 그 순간, 고향이라는 단어가 어르신의 마음에 깊은 감정을 불러일으켰다는 것을 알 수 있었습니다. 잊혀진 기억이란 얼마나 아픈 것인지, 그리움은 얼마나 큰지, 그 말씀 속에서 가슴이 뭉클해졌습니다. 고향의 그리움은 단순한 장소의 기억을 넘어 사랑과 상실의 감정을 함께 담고 있음을 깨달았습니다.

비상 대피 훈련

요란한 사이렌 소리
모의 훈련이지만 직원들은
실제처럼 분주하다

어르신 불났습니다
힘들어서 못 나간다
힘 빼지 말고 그냥 내버려둬라

어르신 비상 훈련이지만
실제처럼 하셔야 해요

비상시 말고 진짜 불났을 때
그냥 내버려둬라
"안 됩니다 사셔야지요"

필요 없대도
몸뚱아리 쓰일 곳이 있어서 그런다
내가 자식한테 물려줄 게 있어야지
꼭 이데이 내버려둬야 한데이

..... 보상금은 얼매나 될란고

시 노트

어르신은 자신이 가진 재산이 부족해 고생하는 자녀를 생각하며, TV에서 보상금을 받는 이야기를 듣고 그런 마음을 품으신 것 같습니다. 자녀에게 도움이 되고 싶다는 마음에서 비롯된 것으로 보이며, 이는 어르신 나름대로 자식 사랑의 표현이라고 할 수 있습니다. 이처럼 어르신의 생각과 감정을 이해하고 존중하는 것이 중요하며, 자식에 대한 그 마음이 얼마나 깊은지 함께 대화를 나누다 보면 이해가 되기도 합니다.

내 친구는

답답한 공간 속에서 한심한 나를
잠깐 잊게 해주는 나의 친구
세상과 소통하는 유일한 길이다

텔레비전에 나오는 정치, 경제, 사회가
내겐 무슨 소용 있겠냐만
사랑하는 나의 식구가 밖에 있으니
자꾸 경제가 사회가 정치가
눈에 들어오고 걱정이 된다

내 친구 텔레비전은
밖으로 연결되는 유일한 통로다

무심한 내가 싫어지고
한심한 내가 싫어질 때
유일한 나의 벗이자
걱정을 안겨주는
골치 아픈 친구다

시 노트

요양원의 일상은 느리게 흐르고 때로는 다소 따분하게 느껴질 때가 많습니다. 그런 가운데 어르신들의 유일한 외부 소통 수단은 텔레비전입니다. 이 매체는 어르신들에게 세상과 연결된 창이 되어주며, 다양한 프로그램을 통해 정보와 오락을 제공합니다. 텔레비전 앞에서의 대화는 어르신들에게 소중한 소통의 기회를 주고, 함께 웃고 이야기하며 일상의 활력을 찾는 중요한 요소가 됩니다.

나의 딸은

울 딸 봤나
참 예쁘다
나 안 닮고
저거 아부지 닮아서 키도 크다
담에 꼭 봐라
참말로 예쁘다

똑똑하고 야무지고
버릴 게 하나 없는 예쁜 딸이다
내가 이 몸 된 지 십년도 넘었는데
내 딸 없었으면 여태껏 어찌 버텼을까
아찔하고 아찔하다

심청이 심봉사 찾는 그 마음
내 어찌 모르겠나
내 딸은
나의 심청이다

시 노트

어르신은 50대의 이른 나이에 대뇌 출혈로 경증 치매와 오른쪽 편마비를 앓고 계십니다. 현재 요양원에서 생활하시며, 매주 따님이 방문하여 어르신이 드시고 싶은 것들을 챙겨 오십니다. 어르신은 항상 따님에 대한 자랑을 아끼지 않으시고, 그녀의 효성에 깊은 감동을 느끼게 해주십니다. 주변 사람들도 그 따님의 헌신을 잘 알고 있으며, 어르신의 마음속에는 따님에 대한 사랑과 자랑이 가득합니다. 이러한 따님의 방문은 어르신에게 큰 힘이 되며, 그들의 유대감을 더욱 깊게 만들어 줍니다.

코로나의 그림자

달나라도 가고 별나라도 가는 세상
감기 하나 못 잡아 온 세상이 정신없다
해방도 맞았고, 6.25도 겪었는데
코로나인지 코로 나오는 놈인지
왜 그리 벌벌 떨며 겁먹는가

살면 얼마나 더 살겠다고
보고 싶은 내 새끼들
왜 이리 막는지

문 열어라!
인명은 재천이라 했는데
이 나이에 죽고 사는 게 무슨 대수인가
울 아들, 오라 해라

"어르신, 아드님이 코로나에 걸리면 어쩌시나요?"
"뭐 뭐 뭐시라
그라면 안되지
오지 마라 해라

내 초상이 나도 오지 마라 해라"
안되지, 그리는 안 되구 말구
하,
그놈이 그리 독하고 무서운 놈인가

여, 얼마요

한구석에 늘 조용히 말없이 계시는 어르신이 있다
어르신 어떠세요 해도 고개만 끄덕이신다
좋다는 표현인 것 같다

말수가 적고 오신 지 몇 개월 되지 않으신 분이시다
대부분 일상생활을 자립으로 하려 애쓰며
도움받지 않으려 노력하는 것을 볼 수 있었다

저녁 식후 조용한 시간에 어르신이 날 부르시며 조용히 물어 오신다
"선생 보소! 여 돈이 얼마드노"
짐짓 자녀에게 부담이 많이 될까
걱정하는 어르신들이 계셔서 많이 안 든다고 했다

여 솔찬케 들어갈 텐데 하시며
의심의 눈초리를 보이며
어두운 표정이셨다
누가 돈 이야기 하셨습니까 하니
"궁금해서 그런다"
밥도 주고 잠도 재워주고 씻겨주고
너들 월급도 줘야하는데 쪼매만 들겠나 하신다

아들 벌이도 시원찮은데
여서 돈을 축내고 앉아 있는 것 같아
마음이 편치 않다고 하신다
빨리 나가서 박스를 주워서라도
아들 경제에 보태고 싶다고 말씀하셨다

나라에서 지원을 많이 해줘
부담이 안 된다고
말씀드리니 의심은 하셔도
한결 얼굴이 밝아지는 것을 볼 수 있었다

시 노트

노인장기요양제도의 시행으로 요양 비용 부담이 다소 완화되었다고 평가받고 있으나, 특히 치매 환자의 경우 요양 기간 예측이 어렵다는 점에서 장기적으로 발생하는 비용 부담은 여전히 심각한 문제로 남아 있습니다. 실제로 많은 환자 가족들이 지속적인 경제적 어려움에 시달리고 있는 현실을 보면, 단순한 제도적 지원만으로는 해결하기 어려운 복합적인 문제가 내포되어 있음을 알 수 있습니다.

이에 따라 앞으로 제도적으로 대상자별 경감 범위를 확대하고, 맞춤형 지원 체계를 마련하는 것이 시급해 보입니다. 또한, 장기 요양보험 제도가 보다 널리 홍보되어 경제적 지원을 필요로 하는 이들이 제도의 혜택을 충분히 누릴 수 있도록 하는 노력이 지속되어야 할 것입니다.

그러나 이러한 제도적 발전과 국가 차원의 홍보가 병행되더라도, 치매 환자와 그 가족의 의식 변화 없이는 문제의 근본적인 해결이 어려울 수 있습니다. 치매를 부끄러운 질병으로 인식하여 숨기거나 방치하는 문화, 그리고 이를 둘러싼 가족 내 불화와 오해는 환자에게 적절한 치료와 지원을 제공하는 데 큰 장애물이 되고 있습니다. 때로는 요양원 입소를 '신종 고려장'과 같이 부정적인 이

미지로 인식하여 꺼리는 경우도 많아, 필요한 시점에 적절한 결정을 내리지 못하는 경우도 빈번합니다.

따라서, 사회 전반에서 치매에 대한 편견과 고정관념을 타파하고, 환자와 가족 모두가 서로 이해하며 지원할 수 있는 환경을 조성하는 것이 중요합니다. 정부와 관련 기관은 물론, 지역 사회와 의료기관, 그리고 미디어가 함께 힘을 모아 치매에 대한 올바른 인식과 정보 제공에 힘써야 할 때입니다. 이러한 노력이 뒷받침된다면, 가족들은 경제적 부담뿐 아니라 정서적 스트레스도 줄이고, 치매 환자에게 보다 나은 대우와 치료를 제공할 수 있을 것으로 기대됩니다.

궁극적으로, 노인장기요양제도의 제도적 개선과 치매에 대한 사회적 인식 개선이 조화를 이룬다면, 치매 환자와 그 가족 모두가 안정적인 환경 속에서 일상생활을 영위할 수 있을 것이며, 이는 우리 사회 전체의 복지 향상으로 이어질 것입니다.

3부

요양원의 일상

면회

와줘서 고맙다
너들은 괜찮나?
나는 잘 지내고 있다
그런데 마음 한편이 아려온다
만나서 기뻤던 걸까
헤어지고 돌아서는데
알 수 없는 눈물이
주르륵 흐른다

감기에 걸린 걸까
콧물이 이리 나노
선생, 휴지 없나?
콧물과 눈물의 경계에서
어떤 그리움과 서러움이
스며들어 내 마음을
이리저리 흔든다

잡채

먹음직한 음식도 한술 뜨면
입맛에 맞지 않는다
소금 좀 갖다 달라면
건강을 위해서 싱겁게 먹어야 한다며
고혈압 있어 안 된다고 한다

미각이 죽어
자꾸 짭조름한 것만 찾게 된다
오늘은 간이 딱 맞는 귀한 잡채다
얼른 먹고 더 달라고 해야겠다
후루루 짭짭 빨리 먹고 또 달라고 해 볼거나
없으면 어쩌지
고민하는데

아뿔사
남은 음식을 잔반통에 쏟아서 넣는다
난 화가 치민다
맛있는 잡채를 먹긴 틀렸다
난 화를 토해냈다
잡채 더 달라고 하려 했더니

돌아오는 대답은
어르신 많이 드렸어요
비만과 심장병에는 많이 먹으면 안 된단다
간만에 내 입맛에 맞는 잡채가 아쉽다

요년들 오늘 두고 봐라
내가 심통을 안 부리나

*****

고도비만인 어르신은 식탐이 많아 매번 많이 드렸다고 해도 부족하다고 느끼며 투정을 하십니다. 가끔은 식사 후 간이 안 됐다고 호통치기도 하며, 미각의 변화로 입맛 맞추기가 매우 어렵습니다. 고혈압과 심장 문제로 약물을 복용하고 계셔서 짠 음식은 제공할 수 없기 때문에 음식 관리가 특히 중요합니다. 노화로 인해 많은 어르신은 입맛이 변하는데, 신맛과 쓴맛은 잘 느끼지만 짠맛과 단맛은 둔해지는 경우가 많습니다. 이런 변화 때문에 나트륨 함량이 높은 음식에 욕심을 내기 쉽지만, 고혈압, 당뇨, 신장 문제 등이 있는 경우 이런 음식은 건강에 치명적일 수 있습니다. 따라서 어르신의 식단을 세심하게 관리하는 것이 필수적입니다.

품삯

일찍 남편 잃고 살아온 세월
내 몸둥이 하나로 품삯 일하며
하루하루 버텨온 날들

그래서 난 오늘도
열심히 앞치마를 갠다
품삯은 줄 건지 매일매일 눈치를 본다
아무런 반응이 없다

일한 품 요구하다
앞치마 개는 일을 다른 할마이한테 뺏겼다
뺏긴 것도 아깝지만
그 동안 일한 품삯은 받고 싶다

난 오늘도 속이 탄다
아픈 손으로 일한 날들이 억울하다
이 사람 저 사람에게 말해보지만
모두 귓등으로 듣는다
나는 끝까지 요구할 것이다
내가 받을 품삯을

시 노트

어르신은 평소 소일거리를 찾으시며 도와주려고 애를 쓰시는 분으로 어르신이 면담을 신청하셔서 상담 내용을 글로 표현해 보았습니다. 어르신의 평생 살아오신 바탕은 숨길 수 없어 보입니다. 담당 요양선생님은 소일거리를 제공한 것인데 할머님은 자꾸 일에 대한 품삯을 원해서서 다른 분에게 소일거리를 넘기셨답니다. 그것마저 분한 마음이 들어 면담을 신청하셨습니다. 어르신 나름 요양원에서 살아남기 위한 경제활동을 하신 것이었습니다.

따님과 상담하여 그동안 일하신 품삯을 지불한 것으로 말을 맞추고 어르신이 안심하도록 도왔습니다. 사실 어르신에게 소일거리를 맡기면 다시 정리해야 하므로 선생님들이 귀찮아하는 경우가 많아 어르신을 위한 개인별 프로그램 제공에 항상 고민을 합니다.

배 아픔

아이고 배야, 아이고 배야
많이 아프신가요?
병원에 갈 정도입니까?
아이다, 병원에 가면 돈 든다
이제 배가 좀 나아간다

병원에 갈 정도는 아이다
아들 불러도 아들 보고 싶다

아들 보고 싶은 배입니까?
그래 그렇다
바쁘다던데요
그래! 그럼, 되었다
배 아프신 건요?
되었다, 좀 나았다

시 노트

대부분의 어르신은 어디가 아파도 병원에 가면 돈 든다는 생각에 웬만하면 참는 편입니다. 가끔은 관심을 유도하기 위해 아이들처럼 아프다는 말씀을 하시기도 합니다. 치매가 있는 어르신은 몸의 어디가 편찮은지 대화로 알기가 어려운 경우가 많고 만성질환이 있는 어르신의 상태 관찰이 매우 중요합니다. 그래서 어르신의 몸을 만져가며 아픈 곳을 찾아 나가야 합니다.

식사의 고통

어르신 식사하세요
싫다 싫어
그냥 마시는 거나 다고

어르신 왜 식사를 안 하세요
싫다 싫어
그냥 마시는 거나 다고

먹는 게 고역인데
자꾸만 먹으라고 한다

치아가 없어서 못 드시나요
그럼, 죽 드세요 싫다 싫어
그 옛날 실컷 먹어 못 먹겠다

쥴라면 달짝지근하고
목구녕에 잘 넘어가는 거나 다고

세상만사 먹는 재미가 있어야 산다는데
목구녕으로 넘기는 게 고역이다

어르신 식사하세요
으윽
싫다 싫어

******

노인의 영양 및 식사 관리는 매우 중요합니다. 특히 치매가 진행되면 갈증, 맛, 포만감 인지가 저하되어 변비, 탈수, 소화불량 등이 자주 발생합니다. 이러한 문제들은 체중 감소를 악화시키고, 결과적으로 치매가 더 심해지는 원인이 될 수 있습니다. 누워 지내는 시간이 많아지면 욕창, 근육 위축, 상처 회복 지연 등 다양한 문제가 발생하기 쉽기 때문에 세심한 영양 관리가 필요합니다.

노인이 식사를 거부하는 경우, 이는 생의 고단함과 상실감을 표현하는 방식일 수 있습니다. 이러한 행동은 단순한 식사 거부가 아니라, 심리적, 정서적 상태를 반영하는 중요한 신호입니다. 따라서 어르신의 상태를 잘 이해하고, 그들의 감정을 존중하며 적절한 대처가 이루어져야 합니다.

무정한 세월

어쩌다가 내가 이리되었는고
후회와 번뇌가 스쳐 지나가도
이제는 놓쳐버린 날들인걸

고향과 친구들이 그리워도
소식 하나 물을 길 없는
무능한 내 모습이 초라하다

세월이 잠깐이더이다
유수 같은 세월이
무정하더이다

삶의 뒤안길에서
그리움만 키우며
과거의 그림자에 묶인 채
하루를 살아간다

시 노트

연세가 높고 신체기능은 많이 떨어지셨지만, 인지기능은 여전히 좋은 어르신으로 가끔 말벗이 되어 드립니다. 대화를 나누다 보면, 노쇠한 자신에 대한 원망의 마음이 자주 드러납니다. 과거의 자신과 현재의 차이를 아쉬워하시며, 신체의 변화에 대한 안타까움을 표현하십니다. 이러한 마음을 이해하고 함께 나누는 것이 중요하다고 느끼며, 어르신이 자신의 감정을 털어놓을 수 있는 말벗(정서지지)을 제공해 드리는 것이 소중하다고 생각합니다.

난 오늘도 전화를 한다

여보세요
그래 나다
너들은 잘 있나
난 잘 있다
여기는 모두 나한테 잘해준다
오늘 입맛이 없었는데
여, 선생이 고추장을 줘서 비벼 잘 먹었다

생신상을 거나하게
차려줘서 잘 먹었다
내 걱정은 말고 잘 지내라
그래, 또 통화하자
그래, 그래

매일 어르신은 수십 차례 누구와 전화를
주고받으신다
어르신이 누구와 통화를 하시는지를
오늘 알았다
'지금 거신 전화는 없는 번호이오니 다시 확인........'

' The number .... 삐삐삐삐-'

시 노트

어르신은 와상으로 침상 생활을 하시며 외로움을, 느끼고 혼자 통화를 하십니다. 처음에는 가족과의 대화인 줄 알았지만, 가족은 미국에 거주하고 국내에는 일가친척이 없으십니다. 그러나 인지가 떨어져서 그렇게 하시는 것은 아닙니다. 오히려 '나도 가족과 연락을 하며 지낸다'는 것을 주위 사람들에게 알리고자 하시는 것처럼 보였습니다. 대화가 그리워서 혼자 말씀하시는 모습에는 소통에 대한 갈망이 담겨 있었습니다. 외로운 공간 속에서 혼자 하는 통화는 그 어르신에게 작은 위안이 되어주는 듯 보여 정서지지 및 말벗이 부족함에 아쉬움이 많았습니다.

일거리

일거리를 찾아 헤매다
수건을 발견하면
우르르 달려온다
무료한 일상 속에
간만에 찾은 일거리다

손 놓고 있으면 뭐 하노
손 운동도 하고 잡생각도 없애고
심심하지 않아서 좋아
날 위해 수고하는 선생도 돕고

"어르신,
13월에 정산해서 드릴게요."

시 노트

어르신은 시간이 날 때마다 소일거리를 찾아 애쓰시는 모습을 자주 보입니다. 어르신에게 소일거리를 드리고 싶지만, 적절한 일이 없을 때는 안타까운 마음이 드는 경우가 많습니다. 가끔 수건 개기, 옷 개기, 나물 다듬기, 마늘 까기 등의 작은 일들을 부탁하기도 하지만, 맡기면 시간이 지체되고 다시 손을 봐야 하기 때문에 선생님들이 꺼리는 경우가 많습니다.

그럼에도 불구하고, 어르신을 위한 활동이라면 기꺼이 도움을 주시는 영양팀과 요양팀의 노력은 정말 고맙습니다. 그들의 지원 덕분에 어르신이 소일거리를 통해 조금이나마 만족감을 느끼고, 일상에서의 작은 성취감을 경험할 수 있게 됩니다.

여기가 좋아

난 여기가 좋아
밥도 주고
잠도 재워주고
놀아주고
무엇보다 심심하지 않아서
좋다

내가 이래봬도
3남2녀 둔 사람이다
이집 저집 오라해서 가 봐도
모두 저 할일 다 있고
산다고 바쁘더라

괜스레 나 때문에
저들 불편하고 나 불편하고
그래서 여기 오니
세상 좋다

나 여기 오래 오래 있을란다
선생들 모두 좋고 잘해 주니
자식 마냥 좋다

시 노트

어르신은 집에 가고 싶거나 자녀가 오면 반가워하시지만, 동시에 요양원 생활을 스스로 인정하고 받아들이고 계십니다. 다른 사람들에게 자녀에 대한 불효가 드러날까 두려워하는 마음도 엿보입니다. 이러한 복잡한 감정 속에서 어르신은 자신의 감정을 숨기려 애쓰며, 종종 외로움과 불안을 느끼는 모습이 보입니다. 그럼에도 불구하고, 자녀와의 만남이 주는 기쁨은 어르신에게 큰 위안이 되고, 가끔씩은 행복한 미소를 지어 보이기도 합니다.

약

어르신 약 드세요
싫다
배불러서 못 먹겠다
우에 한주먹씩이나 먹겠노
금방 밥 먹어 못 먹겠다

오늘도
먹기 싫은 약을 자꾸 건낸다
지겹다
인제 그만 묵을란다
이거 묵고 낫는 병도 아닌 것 같은데
이제 고만 묵을란다

어르신
안 드시면 아드님 부릅니다
나에게 제일 큰 위협이다
아들이 무서워서 그런 게 아니다
울 아들 걱정 끼칠까 두려워서이다

오늘도 떼를 쓰다 실패하고
못 이기는 척 받아 든다
약이 쓰다

시 노트

약물 관리가 중요한 이유는 어르신들이 약에 대한 생각이 다를 수 있기 때문입니다. 어떤 분들은 약을 많이 드시는 것이 싫다고 하시고, 반면에 다른 분들은 병이 나아지기 위해 타 어르신의 약도 먹으려 하시는 경우가 있습니다. 이처럼 약물 관리에 세심한 주의가 필요합니다.

노인에게 자주 나타나는 약물의 유해 반응으로는 어지럼증, 손 떨림, 낙상 위험, 섬망, 초조, 불안 등이 있습니다. 따라서 약을 복용하는 어르신의 상태 변화를 잘 관찰하고, 필요시 타 부서나 병원과 정보를 공유하여 케어에 차질이 없도록 해야 합니다. 특히 치매 약물의 복용은 중요합니다. 치매는 완치가 어렵고 약물 투여가 증상을 완전히 없애지 못한다고 실망하여 복용을 거부하는 경우가 많습니다. 하지만 치매 약물을 꾸준히 복용하면 증상 진행을 늦추고, 어르신이 살아가는 동안의 고통을 줄일 수 있으며, 궁극적으로 수발 부담도 감소시킬 수 있습니다. 따라서 규칙적인 복용이 필수적입니다.

단절의 시간

코로나의 그림자, 불안이 감도는 날
요양원의 어르신들은 고요한 단절 속에
가족과의 이별이 더욱 아픈 현실
소중한 만남은 멀어지고, 그리움만 쌓인다

직원들은 방역의 벽을 세우고
외부활동이 멈춘 정적 속에서
어르신들의 웃음은 사라지고
프로그램의 제한은 마음을 무겁게 한다

동영상 속 얼굴, 사진 속 기억
손을 맞잡는 그 온기는
그리움의 노래가 되었다
비대면의 만남은 애틋함으로 가득 차고
사랑의 연결은 언제나 그립기만 하다

치매의 그림자가 드리운 세상
가족과의 소통은 점점 멀어지고,
고독한 마음은 외로움의 늪에 빠져
그리움의 속삭임이 깊어만 간다

팬데믹은 우리에게
일상의 소중함을 일깨운다
기약없는 그 순간을 기다리며
어르신의 고독을 함께 나누고 싶다

이 어려운 시간 속에서 잊지 말자
소중한 사람을 위한 이해와 배려
우리의 작은 손길이 그들에게 닿아
온기를 전해주길 바라는 마음으로

마지막 잎새

간밤의 매서운 추위를 견디고
아침을 맞이하는 모습이
가련하고 대견한 너

어둡고 두려운 밤이 찾아오면
매서운 칼바람에
홀로 외로이 힘겨운 사투의 밤을 보내겠지

내일 햇살이 내 창을 비출 때
숨 쉬고 있는 나를
너를 생각하며
이 밤 창문 커튼을 닫지 못하고
잠이 든다

매서운 바람에
행여 어제 본 나뭇가지 끝에
매달린 나뭇잎이 떨어졌는지
너의 외로움을 닮아
가쁜 호흡을 내뱉으며
햇살 든 창밖을 바라본다

아, 너의 그 고난이
내 마음에 남아
또 다시 찾아올 내일을
기다리게 한다

나의 기도

나 의지와 상관없이
이곳으로 들어와
갇힌 하루를 보낸다

내보내 달라 하면
위험해서 안 된단다
처음에는 화를 내고
울화통이 터져 고함을 질러봤다

분노로 힘든 나날을 보내다
이제 서서히 지쳐간다
서러워 눈물만 흐른다

자식도 나를 버렸는데
이렇게 살아 뭐하겠노
이대로 죽어야겠다
나는 점심을 먹지 않았다

또 저녁도 거부했다
이래도 보내줄 생각이 없는 것 같다
난 침상에서 서럽게 울며 기도한다
나를 빨리 데려가 주십사고

시 노트

자신의 의지와 상관없이 요양원으로 입소하게 되는 경우가 있습니다. 이러한 상황에서 어르신의 자기결정권이 무시되면, 요양원 생활이 더욱 힘들어질 수 있습니다. 이로 인해 "버려졌다"는 느낌이 생기고, 심한 충격을 받아 우울감이나 무감동, 또는 공격적인 행동을 보일 수 있습니다. 따라서 입소 과정에서 어르신의 감정과 의견을 존중하고, 가능한 한 그들의 선택을 반영하는 것이 중요합니다. 이러한 배려가 어르신의 심리적 안정과 적응에 큰 도움이 될 것입니다.

이대로가 좋다

세상에 그리울 것도
보고 싶은 것도 없다
인생은 혼자이니깐

내 몫 다하면 끝나는 것
자식은 자식 인생이고
내 인생은 내 인생이다

그래서 나는 아무렇지도 않다
내 소임이 끝났으니
책임감도 원망도 없다
그냥 이대로가 좋다

시 노트

스스로 요양원 입소를 결정하신 어르신입니다. 어르신은 요양원 생활에 잘 적응하고 계시며, 명절에 외출한 후에도 "여기가 더 편하고 좋다"는 말씀을 하십니다. 자기결정권을 가진 어르신과 그렇지 못한 분들 사이에는 요양원 생활에 많은 차이가 나타나는 것을 느낍니다. 스스로 선택한 환경에서의 안정감과 행복감은, 어르신의 삶에 긍정적인 영향을 미치고 있음을 보여줍니다. 이런 모습은 다른 어르신들에게도 큰 격려가 되고 있습니다.

임종

소리 없이 다가오는 바람과 같이
먼발치에서 느껴지지 않았다가
어느덧 곁에 머문다

시간은 천천히 멈추고
숨결은 고요히 가라앉아
세상과의 이별은
마치 긴 잠을 청하는 듯
손끝으로 느껴지는 온기는
여전히 따스하나
그 안엔 이미
다른 세계의 빛이 감돈다

조용히
눈을 감고 떠나는 그 길에
우리의 마음은 그저
함께 머물던 시간에 머무를 뿐

죽음은 소리 없이 다가와
고요히 모든 것을 품고 떠난다

이사의 소감

어느 날, 갑자기
다른 동네로 이사를 왔다
똑같은 요양원 안이라고 하는데
새로운 환경에 발을 들였다

걱정이 가득하다
자식이 나 있는 곳을 알란가
이사한지 며칠이 지났건만
연락조차 없다
걱정이 된다

하지만
여기 지내보니 참 좋다
할마이들이 악악 되며
싸우는 소리 안 들어 좋고
선생들 고함도 멀다
이사를 참 잘 온 것 같다

다만,
잘 지내던 할마이 몇몇과
좋아하는 선생도 그립다

그래도 여기가 좋다
여기서 잘 지내고 싶다

우리 아들한테 전해 주소
나 여기 이사와 잘 지낸다고
"선생 여가 어디라 캤노"

시 노트

요양원 내에서도 어르신의 상태와 치매정도에 따라 경증층과 중증층, 와상층 등으로 나뉩니다. 어르신의 인지가 나빠지셔서 경증층에서 그 다음 단계로 내려오신 경우입니다. 치매 대상자를 돌보는 과정에서 치매정도에 따라 케어가 달라짐에 따른 조치로 볼 수 있습니다. 치매 어르신의 특징 중의 하나로 금방 전에 들었던 것을 잊어버리십니다. 불안해지면 귀찮을 정도로 물어보고 또 물어보십니다. 짜증내지 말고 인내심을 가지고 안심을 시켜 드리는 것이 불안감을 해소하는 방법입니다.

치매어르신들은 의미기억이나 절차기억은 잊어도 감정기억은 오래 남아 있어 설명하는 사람이 짜증을 내거나 편안한 마음으로 이야기 하지 않으면 어르신은 불안해하거나 공격성을 보이기도 하므로 대화에 부정적인 감정을 삼가해야 합니다.

절망

병이 나으면, 집에 간다 했는데
나는 언제쯤 집으로 돌아갈까
매일 간절히 기도해도
통증은 더 심해지고
나을 기미는 보이지 않는다
성경책을 끌어안고
하루하루 기도하며
죽기 전에 아이들과
한 번이라도 함께하고 싶다

그 작은 소망을
이제 거두어야 할 것 같다
마음속 깊은 곳에 남은
희망은 사라져가고
어둠 속에서 그리움만 남아
절망이 나를 감싸안는다

어제의 꿈이 오늘의 기억이 되어
희미하게 남아 있는
행복한 순간들을 떠올리면
차마 눈물은 흘리지 못하고

조용히 마음속에
그리움을 새겨 넣는다

이제는 그리움과 함께
하루를 견뎌야 할 시간
바라던 것들이 멀어지며
내 안의 절망이
점점 더 깊어져간다

시 노트

요양원에서 생활하시는 어르신들 중에는 병이 나으면 집으로 돌아갈 수 있다고 믿고 계신 분들이 많습니다. 그중 김*자 어르신은 특히 자녀들과 함께 살고 싶어 하시며, 빨리 병이 나기를 간절히 원하십니다. 치매가 중증인 어르신이시지만, 가끔씩 "나 집에 언제 가노?"라고 물어 오실 때마다 "병이 다 나으면 가실 수 있어요"라고 대답하지만, 그 말이 마음을 무겁게 합니다.

어르신의 소망을 이해하고, 그분의 마음을 보듬어주는 것이 정말 중요합니다. 종교를 가지고 계신 어르신들은 자신의 종교 음악이나 의식에 대한 반응을 보이기도 하는데, 이런 경우 그들의 종교 생활을 지원하고, 종교인의 방문을 주선하는 것도 좋은 방법입니다. 이러한 작은 배려가 어르신의 정서적 안정을 도와주고, 삶의 의미를 찾는 데 큰 도움이 될 수 있습니다.

이젠 나도

오줌 마려 화장실로 가다가
빤스에 오줌이 줄줄 샌다
바지를 벗고 변기에 앉으니 다 싸고
눌게 없다

매일 이 모양이다
아직은 화장실 정도는 갈 수 있는데
어랏, 변기 앞에서 바지를 내리는데
그만 쌌다
기저귀 안 차고 지내려는데
자꾸 실수를 한다
이러다 저 누워있는 할마이 마냥
그리될까 두렵다

기저귀 차고 누운 할마이 보고 혀를 찬 난데
이제 남의 일이 아니다
바깥나들이 갈 때 기저귀 안 차면
안 델꼬 간다 해서
잘 나오던 오줌이 통 안 나온다
요상도 하다
물소리만 나도 줄줄

화장실 생각만 해도 줄줄
이놈의 소변 통이 참말로 내 말을 안 듣는다
오늘도 화장실 문 앞에서
그만 실수

이젠 기저귀를 차야 할까부다

시 노트

어르신은 기저귀 찬다는 것에 대한 거부감이 매우 큽니다. 기저귀를 차는 순간부터 사람 구실을 못 하는 존재로 생각하며 기저귀 차는 것 자체를 부끄러움의 대상이 되며 자존심 상하는 일이라고 여기십니다. 어르신처럼 기저귀 찬다는 것에 대한 심한 거부감이 있을 시 잔존기능을 유지할 수 있도록 시간에 맞추어 화장실 이용 및 요실금 팬티 등을 사용하여 도움을 드리고 노화의 한 과정임을 인식시켜서 편안하게 받아들일 수 있도록 정서적 지원도 함께 이루어졌으면 합니다.

대상자에게 실질적인 도움이 되기 위해 인간의 욕구에 대한 이해를 기본적으로 갖고 있어야 합니다. 대상자의 현재 기능 수준을 향상, 유지하며 필요한 일상생활 지원과 심리 정서적 지원을 통해 안락한 노후생활을 영위할 수 있도록 도와야 합니다.

고마워요

말 걸어 줘서 고마워요
멍충이 늙은이가 자꾸 깜박깜박하여
대화도 안돼요

그래도 말 걸어 줘서 고마워요
하루 종일 안말 없이 있으니깐
더 바보가 되어 가는 것 같터요

챙겨줘서 고마워요
나이 드니깐 배고픈 줄도 모르겠는데
먹으라고 챙겨주니 이렇게 살아 있소

보살펴줘서 고마워요
내가 무얼 할지 모르겠는데
알려주고 시켜주어 고마워요

갈 날이 한참 지났는데
저승에서 문서를 빠뜨렸는지
감감 소식이 없소

자꾸 몸이 아파오니 걱정이오
폐 끼칠까 걱정이오
자꾸 받기만 하니 미안하고 고맙소

시 노트

어르신들은 대화에 대한 갈망이 크지만, 소통이 원활하지 않다는 것을 잘 알고 계십니다. 94세로 경증치매를 앓고 있는 어르신은 '저승 갈 날이 지났다'고 말씀하시면서도 이승에서 더 오래 살고 싶다는 의지를 표현하십니다. '개똥밭에 뒹굴어도 저승보다 이승이 낫다'는 말씀은 인생의 깊은 지혜를 느끼게 합니다.

어르신들은 나이가 많아도 죽음에 대한 두려움을 느끼며, 이는 연령에 상관없이 공통된 감정입니다. 그러므로 어르신과의 라포 형성, 즉 마음의 유대와 신뢰 구축이 매우 중요합니다. 신뢰가 형성되지 않으면 대화는 소음으로 그칠 뿐입니다. 신뢰 관계에서는 어떤 이야기든 털어놓을 수 있는 분위기가 조성되며, 서로의 감정을 이해하고 공감하는 느낌을 가질 수 있습니다.

노인은 청각과 시각 기능이 저하되어 제한된 의사소통이 불가피하므로, 어르신의 상태를 파악하고 적절한 방식으로 소통하는 것이 중요합니다. 효과적인 의사소통을 위해서는 비언어적인 요소인 얼굴표정이나 손짓, 몸짓 등 가벼운 스킨쉽과 함께 대상자를 바라보며 경청하고, 수용하는 등의 기본적인 기술이 필요합니다. 이를 통해 어르신의 마음을 이해하고, 보다 깊은 소통을 할 수 있습니다

이별의 공간

어르신이 외출하고 돌아오신 날
자녀와 즐거운 시간을 보냈냐는 질문에
고개만 끄덕이셨다

식사를 거부하시고
피곤한 기색을 보이며 자리에 누우셨다
그날, 어르신의 엄지손 끝에는
붉은 인주 자국이 남아 있었다

이후 어르신은 말수가 줄어들고
멍한 모습으로 계실 때가 많았다
말을 걸어도 건성건성 대답하시고
집중하지 못하는 모습이 역력했다

외출 후 무슨 일이 있었는지 짐작은 가지만
어르신이 직접 말씀하지 않으셔서 묻지는 못했다
아마도 중요한 일을 위해
가족들이 모시고 나갔던 것 같았다

어르신은 이제 모든 것을 정리하고
삶을 마감해야 한다는 느낌과
허무함을 느끼고 계신 듯했다

우리가 알지 못하는 충격이
우울증상으로 나타나셨다
정서지지를 위한 여러 방법을 시도했지만
우울감에서 쉽게 빠져나오지 못하셨다

이후 인지기능과 신체기능이
급격히 떨어지며
자녀에 대한 원망의 넋두리를 토하는 모습을
가끔 보았다
자녀가 날 찾는 전화가 왔는지
자주 물어보셨다
매일 전화가 와서
"우리 아버지 잘 계시는지" 묻는다고 하니
"선생이 거짓말쟁이네" 하시며
허전한 웃음을 지으셨다
자녀의 전화를 자주 받지 못하는 분이니
그 말씀은 씁쓸한 진실을 담고 계신 듯했다

무력감 속에 지내시다가
얼마 못 가 생을 마감하셨다

세상 속에서 소외된 이곳 요양원 생활은
아무리 자식처럼 잘 해드리려 노력해도
결핍된 부분이 많다

치매를 앓고 계신 분들이라
그 한계가 뚜렷하다
치매 어르신과 함께하는 케어자의 입장에서
그런 한계에 부딪히면
결정을 내릴 때는 더 신중해야 하고
어르신들에게 다가갈 때는 조심스럽다

오늘도 나는 이 일을 잘하고 있는지
생각해 본다
이곳 치매 요양원은
사회로부터, 사랑하는 사람들로부터
기억으로부터 조금씩 멀어지는
이별의 공간이 되어버렸다

4부
자연의 속삭임

변덕쟁이 날씨

비가
왔다 갔다
갔다 왔다

햇빛이
나왔다
사라졌다

기분이
좋았다
나빴다

알 수 없는
내 마음 같다

낙엽

가을 길을 걷다 보면
길가에 뒹구는
낙엽이 아쉬워

한잎 두잎 주워들어
책갈피에 꽂아 두고
가을이 그리울 때
꺼내어서

아름답고 고운
가을의
노래 듣는다

시 노트

가을날, 어르신들과 함께 산책을 하던 중, 한 어르신이 예쁜 낙엽을 주워 모으고 계셨습니다. "어르신, 뭐 하세요?"라고 물었더니, "예뻐서 책갈피에 꽂아 두었다가 나중에 꺼내 보려고."라는 답을 들었습니다. 그 순간, 낙엽을 줍는 어르신의 모습에서 소녀의 감성을 느꼈습니다.

가을바람에 실려 온 예쁜 낙엽 하나, 어르신의 손에 담긴 소녀의 꿈이 보입니다. "이걸 책갈피에 꽂아 나중에 꺼내 볼 거야" 그 말 속에 담긴 그리움과 희망의 조각들, 황금빛 낙엽은 어르신의 마음 속에서 추억의 꽃으로 피어나 가을의 이야기를 속삭입니다. 아름다운 순간을 담아 영원히 간직하고 싶어 주어진 작은 것에 행복을 느끼시는 모습, 가을날의 소녀처럼 순수한 마음으로 자연을 품에 안고 추억을 쌓아가시는 어르신의 모습이 참으로 아름답게 보였습니다.

야생화

저 산 아래 이름 모를 골짜기
곱게 핀 야생화야
심지도 가꾸지도 아니하였건만
너는 어찌도 그리 곱고 아름다우냐

새소리 장단 맞춰 노래하고
구름 따라 춤을 추는 어여쁜 너

이름도 성도 없다 서러워 마라
네 성은 야요
이름은 생화라

어머니 품 자연에서
아름답게 핀 꽃 야생화

시 노트

어르신들과 산책을 하다 보면, 이름 모를 꽃들을 만나곤 합니다. 저는 어르신께 그 꽃이 무엇인지 여쭤보기도 하고, 어르신도 궁금해하시죠. 모른다면 대개 "다 야생화"라고 말씀드립니다. 그날, 어르신은 야생화를 보시며 한마디 하셨습니다. "곱고 예쁜 꽃을 자연이 키웠네." 그 말씀을 듣고, 마음에 시적인 감정이 스며들었습니다. 자연이 그리 아름답게 꽃을 피우는 것을 보며, 어르신의 순수한 감성이 더욱 빛나는 순간이었습니다.

이렇게 작은 것들에서 삶의 의미를 찾고, 함께하는 시간이 얼마나 소중한지 새삼 깨닫게 됩니다. 그 꽃들은 단순한 자연의 일부가 아니라, 우리 삶의 따뜻한 기억이 되어줍니다.

노인과 겨울

차가운 바람이 불어오는 날
노인은 창가에 앉아
흐릿한 세상을 바라본다
세월의 무게가 고스란히
그의 얼굴에 새겨져 있다

겨울의 쓸쓸함이
온몸을 감싸고
앙상한 나무처럼
마음속 깊은 곳이
빈 공간으로 가득 차 있다

과거의 따스한 햇살을 떠올리며
한 줄기 빛에
언 발과 손을 녹이고 싶지만
그리움은 차가운 겨울처럼
노인의 마음을 더욱 얼어붙게 한다

그러나 그는 여전히
빛을 향해 고개를 밀고
남은 힘을 다해

겨울을 견뎌내고자 한다
비록 늙은 몸이 무너져도
마음속의 따스함을 잃지 않기를 바라며

오늘의 날씨

빗발이 흩날리고
우중충한 날이면
마음도 저물어
우울한 감정이 스며든다

몸은 벼락 맞은
쓰러진 나뭇등걸 같아
쑤시고 결려
고통이 깊어진다

온몸은 물먹은 장작처럼
무겁고
이 한 몸 추스르기조차
힘에 겹다

이 모든 것이
마치 날씨처럼
우울하게 감싸온다

비와 나

비 오는 날이면
우울한 마음이 차올라
빗방울처럼 떨어지는
눈물의 무게를 느낀다

흐릿한 세상 속에
고독한 내 마음은
빗물에 섞여
슬픔을 숨기고 싶다

차가운 공기에
상처가 스미고
내리는 빗줄기에
깊어지는 그 그늘 속에서
나는 외로움을 홀로 걷는다

무심

햇살이 창가를 부드럽게 감싸도
바람이 나무를 흔들어도
부슬비 내리는 날의 정경조차
내게는 무의미한 날씨로 흐른다

비바람이 휘몰아쳐도
눈비가 쏟아져도
내 마음은 한없이 고요히
그저 한 장의 그림처럼 바라보인다

자연의 소리에 무감각해진 걸까
사는 것과 죽는 것
결국 한낱 인생이여
아득한 시간 속에서 흐른다

시 노트

어르신들과 함께한 인지기능 프로그램에서 날씨에 대한 이야기를 자주 나눕니다. 각자가 느끼는 날씨의 감정과 생각을 자유롭게 표현하도록 하니, 어르신들이 속마음을 솔직하게 드러냅니다.

햇살이 비추는 날, 한 어르신은 "오늘은 참 따뜻하네"라며 미소 짓는 얼굴 속에는 소중한 일상이 담겨 있고, 비 오는 날에는 "이 비가 너무 우울해"라는 말씀과 함께 마음의 그늘을 드러내셨다. 그 깊은 속마음이 우리의 대화를 더욱 의미 있게 만들었고, 바람이 세차게 불 때는 "바람이 불면 생각이 많아져"라고 하시며, 기억의 파도가 일렁이는 순간을 나누셨습니다. 눈 내리는 날에는 "눈이 온 산을 다 덮었어"라며 어린 시절의 순수함을 떠올리셨고, 하얀 세상이 그리움으로 물들었습니다.

이렇게 날씨에 관한 이야기로 시작된 대화가 어르신들의 마음을 열어주었고, 우울증 예방과 지남력 향상에도 큰 도움이 되었습니다. 소중한 일상 속에서 서로의 마음을 나누고, 그리움과 따뜻함을 느끼며 함께 걸어가는 이 길이 얼마나 큰 위안인지 다시금 깨닫게 되었습니다. 이러한 대화가 어르신들에게 작지만 큰 힘이 되기를 바랍니다.

달빛

해가 지고 어둠이 찾아오면
내 창가에 살포시
고개 밀어 들여다보는 이 있어
부끄러워 나도 몰래 붉어지는 두 볼

어둠이 깃들면
나의 창가로 와 얼굴 내미는 이
행여 날 데리러 온 님 인양
이 밤 나는 홀린 듯 반겨 맞는다

시 노트

퇴근 전 라운딩을 하다가 쓸쓸한 창가에 비친 달을 바라보며 대화를 나누고 계시는 어르신을 보았습니다. 그 모습은 가끔 엄마가 화분과 이야기하던 기억을 떠올리게 했습니다. 어르신의 목소리에 외로움이 묻어났습니다. "내 친구가 보이네"라고 속삭이는 어르신의 모습은 고요한 밤의 감정을 이해해 주는 듯했습니다.

어둠 속에서 비치는 달빛은 어르신에게 따뜻한 위안을 주고, 이 순간은 잊힌 그리움을 조금이나마 채워주는 방법이 되었습니다. "저기 누가 있어"라고 말씀하시며 창밖을 바라보지만, 커튼을 달아 드리면 새로운 평화가 찾아옵니다. 그 순간, 어르신의 마음은 부드러운 빛으로 가득 차고, 세상이 고요할지라도 이 작은 대화 속에 사랑이 흐르고 있다는 것을 느낍니다. 이 모든 것이 외로움을 덜어주는 작은 희망이 됩니다.

인생 날씨

봄날이 언제이었는지
기억의 저편으로 사라져가고

시간이, 세월이
쏜살같이 지나버렸다

봄이었나 싶었는데
가을바람에 낙엽이 흩날린다

그 잊힌 순간들을
가슴에 새기며
또다시 지나가는 계절을 바라본다

시 노트

어르신과 대화를 나누며 "인생의 봄날은 언제였나요?"라고 여쭤어보았습니다. 그 질문에 어르신은 잠시 생각에 잠기시더니, "시간이 어느새 이렇게 흘러버렸는지 모르겠네"라며 깊은 한숨을 내쉬었습니다. 그 말씀 속에는 세월의 무게와 함께 우울한 감정이 묻어났습니다. 어르신의 표정에서 느껴지는 쓸쓸함은 가슴 아프게 다가왔고, 시간이 지나감에 대한 아쉬움이 깊이 스며들어 있었습니다. 그 순간, 잃어버린 과거와 그리움이 함께 어우러져 어르신의 마음속에 자리 잡고 있음을 깨달았습니다.

"봄날은 그때 그 시절이었겠죠?"라고 다시 한번 말씀드렸지만, 어르신은 고개를 숙이며 답하지 않으셨습니다. 그 어르신이 품고 있는 수많은 이야기와 감정을 대신 말해주는 듯했습니다. 이런 대화 속에서, 나는 어르신의 마음을 조금이라도 이해하고 싶었고, 그 마음을 소중히 여기고 싶었습니다.

가을 나들이

갈바람에 흔들리는 낙엽처럼
휘청이는 다리
지팡이에 의지하며
따라나선 길

가을 색 물든 나무숲 사이로
흰머리 쓸어 올리며
가쁜 숨 몰아쉬고
찾은 가을 길

하늘은 눈이 시리도록 푸르고
풀숲 사이로 들려오는
애잔한 풀벌레 소리에
마음 한켠 그리움이 밀려와
자꾸 눈시울이 붉어진다

내년에도 이 가을을
다시 맞이할 수 있으려나

시 노트

어르신을 모시고 가을 나들이를 나갔습니다. 따스한 햇살 아래, 함께 가을을 만끽하러 나왔지만 어르신은 많이 힘들어하며 자주 쉬다 걷다를 하며 그렇게 앉아 이야기를 나누던 중, 어르신은 "내년에 다시 이 가을을 찾을 수 있을까"라고 물으시며 그 말씀 중에 눈시울이 붉어지셨습니다. 어르신의 마음속 깊은 쓸쓸함이 전해져 오는 듯했습니다. 정서적 지지를 해드린다곤 했지만, 어르신의 아쉬움과 그리움의 무게가 나에게도 전해져서 함께 우울해짐을 느끼며 나도 모르게 마음이 무거워졌습니다.

가을의 아름다움 속에서도 노년의 외로움은 여전히 존재한다는 사실이 가슴을 아리게 했습니다. 함께 하는 이 순간이 얼마나 소중한지, 그리고 그 순간이 지나간 후에 남는 빈자리가 얼마나 클지를 생각하니 마음이 아팠습니다.

새라면 구름이라면

갇힌 공간에 누워있는 내 세상은
침대에 뿌리내린 고목

창가에 지저귀는 새되어
내 그리운 님 창가에 앉아
지저귀고 싶어라

바람에 실려 떠도는
저 구름이라면
자유로운 영혼 되어
내 그리운 님 창가에 비되어
뿌려지고 싶어라

시 노트

어르신은 창밖을 보며 새처럼 구름처럼 훨훨 떠나고 싶다는 말씀을 하십니다. 와상으로 누워 계시는 시간이 많아 근육 경직 및 관절 구축이 심해질 수 있으며, 욕창의 위험도 높아 철저한 체위 변경이 필요합니다. 또한, 심한 변비로 고생하실 수 있으므로 야채와 과일, 그리고 충분한 수분 공급이 중요합니다. 누워 있는 시간이 많아지면 더욱 많은 관심이 필요하며, 자주 대화하고 마음을 나누며 어르신의 정서적 안정을 도와야 합니다.

정기적으로 상태를 점검하고 필요한 지원을 제공하는 것이 필수적입니다. 케어에 임할 때 갑자기 붙잡거나하면 공격으로 받아들일 수 있습니다. 특히 장기 와상 상태는 여러가지 합병증을 일으킬 수 있으므로 규칙적인 자세 변환과 관절구축예방에 세심한 돌봄이 어르신의 건강과 안녕을 유지하는데 큰 도움이 됩니다.

5부

따뜻한 손길

기억의 조각들

치매가 진행되면
자식이나 손자의 얼굴을 잊고
딸을 언니라고 부르지만
그가 자신에게 중요한 사람임을
어렴풋이 알고 있다

대부분 최근의 기억은 잊어도
부모와 형제의 모습은
여전히 가슴에 남아
"우리 어머니는 잘 계시지요?"
그렇게 말하는 노인의 목소리

이런 순간, 짜증 내지 말고
조급하게 굴지 말라
옛이야기를 듣듯
차분한 마음으로 잘 들어주면
사라져가는 기억 속에서
그 소중한 기억의 조각들이
다시 빛날 수 있음을 알게 된다

마음의 짐

노인에게 남아 있는 기능
어떻게든 활용해야 한다는
가족의 마음, 이해하지만
그 방법은 추천하고 싶지 않다

어린아이 가르치듯
"해보세요" "그렇게 하면 안 돼요"
다그치고 화를 내기보다
자존심이 상하지 않도록
수치심이 들지 않게
자연스럽게 도와주며
함께 행동하는 것이
훨씬 더 중요하다

손끝에서 느껴지는 온기
서로의 마음을 이해하며
천천히 나아가는 그 길
사라져가는 기억 속에서도
아름다운 순간을 함께 만들어가는 것
그게 진정한 사랑의 모습이리라

옷 갈아입기

치매의 그늘 아래
옷을 갈아입는 일이
복잡한 퍼즐처럼 엉킨다
계절과 시간, 장소를 잃고
어디에 맞춰야 할지 모르는
혼란 속에서
어르신의 마음은 더욱 외로워진다

입는 순서를 잊고
소매에 발을 집어넣는
그 모습은
자존감을 잃은 그림자
스스로의 의지도 사라져
그들만의 고요한 세상에 갇힌다

그러나 우리는
어린아이처럼 대하지 말아야 한다
존중과 사랑으로
자연스럽게 길을 안내하고
그들의 기분과 취향을 살펴야 한다
더러워진 속옷을 거부할 때

억지로 하지 말고
기다림의 미덕을 잊지 말자
작은 기회가
그들의 자존감을 지킬 수 있으니
이 작은 순간이
그들의 정체성을 지키는
소중한 과정임을 기억하자

옷을 갈아입는 일
그것은 단순한 행위가 아닌
사랑과 이해로 이어지는
소중한 연결의 끈
어르신의 삶을 밝히는
빛이 되어주기를

시 노트

치매 환자는 종종 계절, 시간, 장소를 잃고 혼란을 경험하며, 이로 인해 그들의 삶의 질이 저하됩니다. 특히, 입는 순서를 잊거나 소매에 발을 집어넣는 등의 행동은 그들이 자존감을 잃었다는 신호일 수 있습니다. 이러한 상황에서 우리는 그들을 어린아이처럼 대하기보다는 존중과 사랑을 바탕으로 그들의 기분과 취향을 살펴야 합니다.

또한, 어르신이 더러워진 속옷을 거부할 때는 억지로 밀어붙이지 말고 기다림의 미덕을 잊지 말아야 합니다. 이 작은 순간이 그들의 자존감을 지키는 기회가 될 수 있기 때문입니다. 옷 갈아입기는 단순히 의복을 변경하는 행위가 아니라, 자존감, 정체성, 그리고 인간관계를 형성하는 중요한 과정으로 이해되어야 합니다.

욕창 예방의 노래

치매의 그림자 속에서
굳어가는 근육과 둔해지는 손발
세심한 돌봄이 필요하네

눕고 앉아 있는 이 순간
뼈의 튀어나온 곳에
체중이 실려 혈액은 멈추고
피부와 근육의 세포는
조용히 죽어간다네

욕창의 그림자가 드리워지고
살이 깊이 파여
뼈가 드러날 그날을 막기 위해
예방이 치료보다 중요하니

영양을 가득 채우고
몸을 청결하게 유지하며
부드럽게 마사지하고
자주 자세를 바꿔주어야 해

붉어진 피부를 주의 깊게 살펴
"별일 아니겠지"
내버려두지 말고
소중한 순간을 지키기 위해
작은 노력이 큰 희망이 되어
함께 걸어가기를

기능의 저하

치매에 걸리면
처음에는 세세한 움직임이 둔해지고
걷기 같은 큰 근육의 힘도
점점 느려져 간다

더 악화되면
음식을 삼키는 것조차 힘들어져
기도로 잘못 들어가는 일이 잦아지며
무의식적으로 해왔던 동작들을
이제는 잃게 된다

치매 말기에는
기도에 음식물이나 침이 들어가
흡인성 폐렴에 걸리기 쉬워
그 위험이 더욱 커져만 간다

그들이 손을 내밀 때
안전한 길로 나아갈 수 있도록
손잡아줄 수 있는 따뜻한 마음을
기억하자

기능이 다하여 어려워질 즈음
이러한 기능 저하를 대비해
전문가의 도움을 받는 것도
필요한 선택임을 잊지 말아야 한다

시 노트

치매 증상은 신체기능까지 영향을 미치게 됩니다. 저작 및 연하곤란으로 인하여 음식물이나 이물질이 기도로 흡입되는 경우가 나타날 수 있습니다. 자칫 흡인성 폐렴으로 이어질 수 있으므로 조금씩 천천히 여러 번 나누어 삼키는 연습이 필요하고 특히 물이나 국에 말아 먹는 것은 최악의 케어가 될 수 있습니다. 바른 식사 자세와 가능한 휠체어보다 식탁 의자에 앉아 드실 수 있도록 돕고 식사 시 TV, 라디오는 끄고 식사에 집중하도록 돕습니다.

노인은 식사하는 자체가 힘이 든다는 것을 고려하여 식전에 충분히 휴식을 취하고 식사 시간은 가능한 30분을 넘기지 않도록 하며 기침이 나올 경우 멈출 때까지 식사를 잠시 중단해야 합니다. 소변을 자주 본다는 이유와 물을 마시고 싶다는 생각이 없어져 물을 제공하지 않는 경우가 있는데 뇌 탈수 현상으로 치매를 더 빨리 진행시키는 이유가 될 수 있으므로 반드시 필요한 물을 차로 제공하거나 수시로 물을 제공하여야 합니다. 연하곤란으로 힘들 땐 빨대를 이용하거나 점도 증진제 사용이 도움이 될 수 있습니다.

상황 대처

치매가 진행되면
주변을 올바르게 판단하지 못하고
목욕탕 탈의실에서도
무엇을 해야 할지 모른다
돌보는 사람이 갑자기
옷을 벗기려 하면
강제로 벗기려 한다고 오해해
저항하거나 난폭해질 수 있다

목욕의 의미를 알도록
환경을 자연스럽게 만들고
"잠시 후 외출하니
그 전에 목욕해요."
부드럽게 말을 건네면
조금씩 마음을 열게 된다

식사와 배설, 옷을 입고 벗는 모든 일에서
상황을 설명하며 대화하고
천천히 시도하는 것이
더 안전하고 편안한 길임을
우리는 잊지 말아야 한다

올바른 케어

치매가 진행되면
주변에 주의를 기울이지 못한다
돌볼 때도, 말을 건넬 때도
노인의 앞쪽으로 다가가야 한다
갑자기 뒤에서 말을 걸거나
불쑥 손을 내밀면
생각지도 못한 사고가
언제든지 일어날 수 있다

거울을 보는 듯
좌우가 반대로 나타나
혼란스러운 순간이 찾아온다
양치질 같은 일상도
시범을 보일 땐
노인과 나란히 같은 방향에서
좌우가 바뀌지 않아
혼란을 덜 느낄 수 있다

이렇게 작은 배려로
안전하고 편안한 공간을 만들어

서로의 마음을 이해하며
함께 나아갈 수 있음을

사소하고 작은 것을
소중히 여기는 것
그게 바로 진정한 배려의 마음이다

한계의 순간

케어가 한계에 부딪혔을 때
냉정하게 관찰하라

열정이 지나쳐
맹목적으로 시도하면
돈과 시간, 노력만 낭비할 뿐

치매 케어는 지구전
소모적인 행동은 최대한 피하고
배변실수 원인은 다양하니
잘못 알면 잘못된 대책만 생긴다

당황하지 말고
왜 그런 실수를 했는지
차분히 관찰하라
그에 맞게 대책을 세우고
잘못 판단했다면
처음부터 다시 생각하면 된다

서서히 쌓이는 이해 속에서
한 걸음 한 걸음 나아가며

더 나은 길을 찾아갈 수 있음을
조용히 믿어보는 것
그게 치매를 대하는 자세이다

존중의 의미

기억은 흐려지고
길을 잃은 마음은
이리저리 떠도는 것 같지만
그 안에 남아 있는
작은 빛, 작은 목소리
그것을 우리는 들어야 한다

그저 희미해진 이름일지라도
그 사람은 여전히 그 자리에 있고
세상이 변해도, 기억이 사라져도
그 마음 깊은 곳엔
무언가 말하고 싶은 진실이 숨어 있다

우리는 다만 기다리고
때론 손을 잡고
그들의 눈빛을 바라보며
존중할 뿐
마음이 어지러워져도
길을 잃어도
그들은 여전히 그들 자신의 삶을
살아가고 있음을 기억하자

그들의 의지, 그들의 선택을
최대한으로 존중하며
그 사람이 잃어버린 것 속에서도
잊혀지지 않는 가치를 발견하는 일

우리 함께 한다면 좋겠다

시 노트

치매를 겪는 노인에게 존중을 베푸는 것은 단순한 돌봄 이상의 깊은 인간적 가치가 담긴 행위입니다. 기억이 사라지고 자신을 잃어가는 듯 보이는 상황에서도 그들의 존엄성과 자율성을 존중하는 것은 그들의 삶이 여전히 의미 있고 가치 있음을 인정하는 것입니다. 치매 노인을 존중하는 것은 단지 몸을 돌보는 것에 그치지 않고 그들의 감정과 내면의 소리를 귀 기울여 듣고 그들이 여전히 하나의 완전한 인격체로 존재하고 있음을 잊지 않는 일입니다.

치매 환자들은 종종 자신의 의사를 명확히 표현하기 어렵거나 일상적인 의사결정에서 소외되기 쉽습니다. 그러나 그들의 마음속 깊은 곳에는 여전히 감정과 감각을 느끼고 싶고, 말하고 싶은 무언가가 존재합니다. 이들이 스스로 표현할 수 없다고 해서 그들의 의지나 감정이 사라진 것이 아니기에 그들의 감정을 이해하고 존중하는 것은 그들 삶의 마지막 순간까지 환자가 아닌 인간으로서 존재를 인정하는 것과 같습니다.

치매 노인을 존중하는 구체적인 방식은 그들의 남아 있는 능력을 최대한으로 지켜주고, 그들의 선택을 존중하며, 그들이 속해 있는 일상적인 세계에서 의미 있는 역할을 지속적으로 제공하는 것입니다. 더불어 그들의 감정을 진지하게 받아들이고 그들이 느끼는 불안과 혼란 속에서도 편안함을 느끼게 하려는 노력이 필요합니다.

그들의 기억과 능력이 점차 사라진다 해도 그 안에 남아 있는 감정과 인간다움은 여전히 소중하기에 우리는 그들의 존엄성을 끝까지 지켜주기 위해 사랑과 이해로 감싸야 합니다.

양 치

세월의 흔적은
입가에 주름이 깊어지듯

잇몸도 약해져
하얀 이가 빠지고

틈새에 남은 음식물처럼
시간이 머문다

삶의 조각이 남긴 작은 것들처럼
입안의 흔적을 닦아야 하리

기억이 멀어지고 손끝의 감각이 사라질 때
부드러운 천으로 마지막까지
잇몸과 볼 사이를 정성스레 닦아주리라

삶의 온기와 애정이 스며든
작은 손길로

시 노트

세월의 흐름 속에서 우리는 각자의 흔적을 남깁니다. 그 흔적은 때로는 입가에 깊은 주름으로, 때로는 약해진 잇몸과 하얀 이가 빠진 모습으로 드러납니다. 마치 삶의 흔적처럼, 시간이 남긴 작은 것들은 우리의 기억과 정서를 간직하게 됩니다. 이 글에서는 그런 세월의 흔적을 통해 잊혀진 감각과 따뜻한 손길의 의미를 되새겨 보고자 합니다.

환자의 기억이 멀어지고 감각이 사라져가는 그 순간에도, 우리는 여전히 부드러운 천으로 마지막까지 정성스레 닦아주려는 마음을 잊지 말아야 할 것입니다. 삶의 온기와 애정이 스며든 작은 손길이 우리의 기억을 지키고, 잊혀진 것들을 다시 소환할 수 있기를 바랍니다.

충격의 순간

배설 실패, 케어자는 물론
치매 노인에게도 큰 충격이 된다

더러워진 속옷을
옷장 속에 숨기는 행동
배설물을 잘 처리하지 못하여
변을 만지는 행동은
혼란스러운 마음속에서
어떻게 처리해야 할지
모르는 심리상태이다

절대 가지고 놀려는
나쁜 의도가 아니다
그저 어지러운 마음에서
상황을 이해하지 못할 뿐
따뜻한 마음으로
서로를 이해해 나가야 한다

치매가 진행되면
언젠가는 어쩔 수 없이

기저귀를 사용해야 할 때가 오겠지만
노인의 마음을 존중하며
수치심이 들지 않도록
부드럽게 대해야 한다

시중의 패드나 팬티형 기저귀
치매 노인에게 잘 맞고
돌보는 이도 편하게 쓸 수 있는 것을
선택하는 것도 중요하지만
마지막까지 지키고 싶은
자존감을 위해 자립 배설을
시도해보자

어렵고 힘들어도
배려하는 마음으로
이 과정을 함께 이겨내자

그늘 속 자존심

누군가 돌봐주지 않으면
생활하기 어려운 그 현실
"도움은 필요 없어"
억지를 부리는 노인의 마음
한 발 물러서, 잠시 기다림

신체와 정신의 능력이
떨어졌음을 인식하지 못하고
자존심이 만든 그 그늘 속
흐르는 시간, 잊힌 기억의 조각들
그 안에 숨은 외로움이 있다

그러나 도움을 청하기 전
내버려두어서는 안 된다
눈치채지 못할 만큼 자연스레
최소한의 케어를 전하며
사소한 사랑을 쌓아가리

지금 당장은 고맙다는 말이
입가에 맺히지 않아도

언젠가는 따뜻한 미소와 함께
고마움을 표현할 날이 올 것임을
기다리며 오늘도 마음을 다한다

소중한 대화

잊음은 치매의 그림자
잊었다는 사실조차 잊고
같은 말을 반복하는 그 순간
기억의 문은 닫혀버린 듯
두려움과 불안이 고요히 쌓인다

방금 전의 대화는
바람처럼 사라지고
그 아픔은 고독한 그림자처럼
가슴에 깊이 새겨진다
귀찮은 질문이 되풀이되어도
답해 주는 그 마음이
안정을 주는 따스한 손길이 된다

말하지 못하는 그 고통은
더욱 깊고 복잡한 고독
짜증 내지 않는 인내는
따뜻한 담요처럼 다가와
불안한 마음을 덮어준다

물어보는 것도 편한 사람이여서
가슴 속의 두려움을 나누며
이해의 다리를 놓아
소중한 대화로 이어지길

시 노트

치매가 진행되면 인지기능장애로 인하여 기억력, 지남력, 시공간 능력, 실행능력, 언어능력 등의 저하를 겪게 됩니다. 두가지 일을 동시에 처리하는 능력이 현저하게 저하되기 때문에 어떤 일을 하고 있는 상태에서 말을 걸거나 지시를 하는 경우 못 알아듣거나 짜증을 낼 수 있습니다.

특히 언어능력저하는 원인에 따라 증상이 다를 수 있지만 알츠하이머는 치매 초기부터 시작되지만 중기가 되면 더 뚜렷해집니다. 초기에는 단어의 뜻을 제대로 이해하지 못하고 이해했다는 식으로 고개를 끄덕이지만 구체적인 반응은 부적절할 수 있습니다.

중기에 접어들면 상대방의 말을 이해하기 힘들어지므로 복잡하고 긴 문장으로 말하거나 어려운 추상적인 용어를 피해야 합니다. 이럴 때 자리를 피하거나 대화를 거부하게 됩니다. 말기에는 상대방의 말을 이해할 수 없고 간단한 질문조차 이해하지 못하는 상황에 이르게 됩니다. 하지만 감정은 남아 있어 상대방의 태도에 따라 감정이 달라지므로 치매 어르신의 품위를 지켜주고 존중으로 대하는 것이 필요합니다. 신체 접촉이나 그저 곁에 있어 주는 것만으로도 큰 힘이 됩니다

눈물의 의미

뇌졸중으로 언어장애를 겪고
와상으로 누워 계시는 어르신은
말씀을 하실 수 없어 눈만 끔벅이신다

어르신 안녕하세요
눈을 끔벅하고 인사를 대신한다
어르신 잘 주무셨어요
눈을 끔벅하고 인사한다

어르신 아드님 보고 싶으세요
눈을 끔벅하시더니
한줄기 눈물이 주르륵 흐른다
그 눈물이 전하는 애틋한 그리움이
내 가슴을 뚫고 지나쳐 간다

수많은 이야기와 기억들이
그리움과 슬픔이 되어
가장 깊은 언어로
내 마음에 스며들었다

배회하는 걸음

기억의 길을 잃고
어딘지 모를 곳을 향해
쉼 없이 걷는다
가고자 하는 목적도 없이
멈추지 않는 발걸음은
마치 무언가를 찾아 헤매는 듯하다

하지만 그 길을 따라가는 것은
보는 이에게도
가족에게도 참으로 버거운 일
어디로 향하는지도 모른 채
뿌리치며
끊임없이 이어지는 발걸음 속에
마음은 무겁고 지쳐간다

그러나 그 배회도
끝나지 않는 여정은 아니니
어느 순간
그 발걸음은 진정되고
서서히 멈추리라

그들이 걸어가는 길을
그저 지켜보는 것도
때로는 필요한 일
가족의 사랑과 함께라면
그 끝은 언제나 평온해질 것이다

빛을 잃은 영혼이 머문 자리

햇살은 창문을 통해 부드럽게 스며들어, 방안을 따스하게 감싸고 계절의 흐름을 조용히 알리는 이곳은 요양원 안에서도 가장 중증층인 와상 어르신의 방, 낮은 신음소리 속에 잔잔히 방안을 메우는 라디오의 음악이 흐른다.

> ~ '사랑이 끝나고 난 뒤에는 이 세상도 끝나고, 날 위해 빛나던 모든 것도 그 빛을 잃어버려~ 도무지 알수 없는 한가지 사람을 사랑한다는 그 일, 참 쓸쓸한 일인것 같아 ~'

마지막 남은 삶의 가쁜 호흡과 앙상하게 남은 육신을 누인 이곳에서 양희은의 '사랑 그 쓸쓸함에 대하여' 노랫말은 내 마음을 심하게 두드리며 헤집고 지나간다. 얼굴과 몸에 남긴 주름만큼이나 알알이 박혀있는 많은 추억들이 앙상한 뼈와 가죽만 남기고 방안의 공기 속으로 사라져 간다.

화려하고 건강했던 순간들, 사랑하는 사람과 함께했던 추억들이 그 빛을 잃고 방안 가득 한 햇살 속으로 먼지가 되어 흩어지는 듯 하다. 참 헛되고 무상함이 노랫말과 함께 밀러드는 쓸쓸한 날이었다.

시 노트

와상 어르신들의 방에 스며든 햇살, 라디오에서 흘러나오는 노랫말, 그 속에서 떠오르는 삶의 무상함이 다가옵니다. 한때는 찬란했던 순간들이 시간이 흐르며 점차 희미해지고, 결국에는 먼지처럼 흩어져 간다는 사실이 안타깝고 쓸쓸하게만 느껴집니다. 하지만 그 순간들이 결코 의미 없는 것은 아닙니다. 사랑했던 기억, 손길, 눈빛, 그리고 그 속에 담긴 따뜻한 감정들은 시간이 지나도 어딘가에 남아 있을 것입니다.

사랑과 삶, 그리고 그 끝자락에서 우리가 붙잡고 싶은 것은 결국 누군가와 나누었던 따뜻한 기억이 아닐까 생각합니다. 사라지는 것이 아니라, 다른 형태로 남아 우리 곁을 맴도는 것일지도 모릅니다. 우리가 살아가는 매 순간이 얼마나 소중한지 다시금 깨닫게 되는 순간이었습니다.

추억, 사랑으로 남다

이곳은 고요한 쉼터
누군가의 손길이 닿은 따뜻한 공간

하루하루 일상이 반복되고
가을 바람이 불면 낙엽이 춤추고
창밖의 정원에서 피어나는 꽃들처럼
나의 인생도 여러 색으로 물들어 있었다

가끔은 슬픈 기운이 감돌고
잃어버린 것들에 대한 그리움이 찾아온다
하지만 여전히 미소짓는 어르신들
서로의 손을 잡고 따스함을 나눈다

이곳에서의 하루는
삶의 마무리를 담담히 받아들이는 시간
그 안에 담긴 이야기는
결코 사라지지 않을 것이다

나는 여기서
내가 걸어온 길을 다시 되새기며
소중한 기억들을 간직한 채
잊지 않을 사랑의 노래를 부른다

시 노트

이곳 중증층에서 바라보는 풍경은 고요하고 따뜻한 쉼터 같았습니다. 매일 반복되는 일상 속에서 어르신들의 작은 변화를 발견할 수 있었고, 그 속에서 인생을 배우고 느끼는 시간들이었습니다. 물론 가끔은 슬픔이 찾아오기도 했지만 그럼에도 불구하고 여전히 미소짓는 어르신들과 함께 위로와 힘을 나누었습니다. 이곳에서의 하루하루는 삶의 마무리를 받아들이는 시간이었고, 그 안에서 함께한 이야기도 차곡차곡 쌓여갔습니다. 이제 그 소중한 기억들은 나의 마음 속에 사랑으로 남을 것이며, 그 기억들은 잊지 않을 추억이 되었습니다.

조각난 기억, 사랑으로 남다

<추천사>

100세 시대, 우리 모두를 위한 시집

교육학자 손우정

『조각난 기억, 사랑으로 남다』는 우리가 살아가며 결코 피할 수 없는 주제인 '기억'과 '돌봄'을 깊고 섬세하게 다룬 시집입니다. 이 시집을 통해 최정숙 시인은 흐려져 가는 기억 속에서도 여전히 살아 숨 쉬는 삶의 가치와 존엄을 노래하고 있습니다. 특히 노년의 부모를 돌보는 아들딸들, 치매와 인지장애로 고통받는 어르신들과 그들을 돌보는 가족들, 그리고 노인 요양 일에 종사하는 모든 이들에게 깊은 위로와 공감을 선사하는 작품입니다.

저자 최정숙님은 제가 개인적으로 존경하고 사랑하는 후배입니다. 우리는 서로 다른 길을 걷고 있지만 생각만으로도 든든하고, 만나지 않아도 늘 그리운 후배입니다. 그녀는 오랜 시간 사회복지 현장에서 일하며 어르신들과 소통하고 그들의 삶을 깊이 이해하며 배운 것을 시로 녹여냈습니다. 현재는 요양보호사 교육원에서 전문 강사로 활동하며, '어르신 돌봄 전문가'로서의 길을 묵묵히 걸어가고 있습니다. 저는 그녀가 쓴 이 시집을 통해 그녀의 삶과 철학, 그리고 진심 어린 애정을 고스란히 느낄 수 있었습니다.

처음 이 시집의 초고를 받았을 때 저는 깊은 울림과 감동에 휩싸였습니다. 시 속에 등장하는 '아부지를 절절하게 외쳐 부르는 어르신'은 곧 저의 부모님이자 우리 모두의 부모님이었습니다. '맨날 지갑을 찾아 온 방을 뒤적이는 할머니'는 저희 어머니의 모습과 너무도 닮아 있었습니다. 저는 수년간 인지장애를 앓고 계신 90대 어머니를 모시며 수많은 감정의 파도를 겪었습니다. 혼란스러움, 안타까움, 답답함, 그리고 때론 절망감까지. 그런 저에게 이 시집은 단순한 문학 작품이 아니었습니다. 그것은 마치 오랜 친구와 대화하는 듯한 따뜻한 위로였고, 나만 겪는 고통이 아니란 사실에 눈물 나도록 안도할 수 있는 공감이었습니다.

이 시집은 단지 치매 부모를 모시는 가족들이나 노인 요양 일을 하는 분들에게만 의미 있는 책이 아닙니다. 이 작품은 백세 시대를 살아가며 누구나 언젠가는 겪게 될 '기억의 상실'과 '돌봄'의 문제를 우리에게 묻고 있습니다. 부모님을 돌보며 느끼는 죄책감, 서운함, 그리고 미안함 같은 복잡한 감정을 고스란히 담아낸 시편들은 인간이라면 누구나 공감할 수 있는 깊은 울림을 줍니다.

제가 이 시집을 이토록 간절하게 추천하는 이유는 시 한 편 한 편이 인간의 존엄을 존중하고, 돌봄에 대한 철학적 사유와 따뜻한 시선을 담고 있기 때문입니다. 우리는 치매를 '병'으로만 바라보고, 점점 흐려져 가는 기억 속에서 방황하는 어르신들을 쉽게 '또 시작이다'라고 치부하기도 합니다. 하지만 최정숙 시인은 그분들이 발(發)하는 알 수 없는 언어와 몸짓 하나하나에 숨겨진 의미를 발견하고, 그들의 과거와 현재를 잇는 감동적인 이야기를 시로 풀어내고 있습니다.

특히 이 시집에서 빛나는 부분은 '기억'이라는 주제를 다루는 방식입니다. 기억은 단순한 정보의 저장소가 아닙니다. 그것은 한 사람의 존재를 구성하고 삶의 가치를 규정하는 중요한 요소입니다. 『조각난 기억, 사랑으로 남다』는 그런 기억의 상실이 단순한 슬픔이 아니라 그 사람의 인생 전체를 이해하고 공감하는 과정임을 일깨워줍니다. 그들은 비록 기억을 잃어가고 있지만 여전히 한 사람의 아버지였고, 어머니였으며, 누군가의 사랑이었음을 시인은 우리에게 이야기합니다.

저는 이 시집을 읽으며 사랑하는 후배였던 최정숙님을 '작가 최정숙'으로 다시 발견하게 되었습니다. 그녀는 시인이기 이전에 누군가의 딸이었고, 어머니였으며, 또 누군가에게는 깊은 위로가 되는 돌봄의 전문가였습니다. 그녀가 삶 속에서 보고 듣고 느낀 것들이 시가 되어 우리에게 다가올 때, 그것은 단순한 문학 작품이 아닌 살아있는 삶의 이야기로 다가옵니다.

돌봄은 단순히 신체적 케어만을 의미하지 않습니다. 그것은 상대방의 연약함을 인정하고 그들의 존재 자체를 존중하는 일에서 시작됩니다. 그러나 우리는 아무리 많은 교육을 받아도 약자가 되어버린 부모님과 소통하는 법을 배우지 않습니다. 『조각난 기억, 사랑으로 남다』는 그런 우리에게 돌봄의 철학과 실천 방법을 동시에

제시합니다. 시인의 경험이 고스란히 녹아 있는 이 시집은 독자들에게 어르신을 돌보는 과정에서 느끼는 혼란과 슬픔, 그리고 그 속에서 발견한 사랑의 본질까지도 고스란히 전달하고 있습니다.

저는 이 시집이 단지 시로 끝나는 것이 아니라, 우리 사회가 노인 돌봄 문제를 어떻게 바라봐야 할지에 대한 중요한 메시지를 던지고 있다고 생각합니다. 특히 기억을 잃어가는 부모님을 돌보며 슬픔을 참고 계신 분들, 돌봄에 지쳐 위로가 필요한 이들, 그리고 언젠가 다가올 자신의 노년을 준비하며 돌봄의 본질을 이해하고 싶은 모든 이들에게 이 시집을 권하고 싶습니다.

『조각난 기억, 사랑으로 남다』는 잊혀져 가는 기억의 사연들을 단순히 나열하는 것이 아닙니다. 그것은 돌봄의 철학과 사랑의 본질을 탐구하며, 우리 모두가 언젠가 겪게 될 인생의 한 단면을 아름답고 따뜻하게 그려내고 있습니다. 이 시집을 통해 독자들이 기억의 조각들을 하나씩 맞추어 가며 삶의 진정한 의미와 가치를 깨닫기를 진심으로 바랍니다.

가슴 속 깊이 새겨지는 이 시집을 통해 우리는 인간 존엄의 가치와 돌봄의 숭고함을 배우게 될 것입니다. 저는 이 시집을 통해 더 많은 사람들이 최정숙 시인의 깊은 철학과 따뜻한 시선을 공유하게 되기를 진심으로 바랍니다.

조각난 기억들이 빛나는 순간

남산정종합사회복지관 관장 권경동

지는 해가 아름다운 이유는 석양이라는 여운이 있기 때문입니다. 해가 저물어 어둠이 밀려오기 직전, 하늘은 찬란한 색채의 향연을 펼칩니다. 붉은 빛이 노을 속에 스며들고, 주황과 분홍, 보랏빛이 어우러져 장관을 이루는 그 순간은 하루의 끝자락에 깊은 여운을 남깁니다. 마치 인생의 황혼기에 다다른 노년의 시간이 가진 무게와 아름다움처럼 말입니다.

현대 사회에서 치매는 어르신들과 그 가족들에게 피할 수 없는 현실이자 깊은 고민을 던져주는 문제입니다. 치매는 단순히 기억을 잃는 병이 아닙니다. 그것은 삶의 조각들이 흩어지고, 추억과 정체성이 희미해지는 과정입니다. 그러나 그 안에도 분명 아름다움과 따뜻함이 존재합니다. 최정숙 작가는 이러한 치매 어르신들을 가까이에서 보고, 듣고, 느끼고, 가슴 깊이 공감한 경험을 바탕으로 시집 『조각난 기억, 사랑으로 남다』를 펴냈습니다.

최정숙 작가는 오랜 시간 사회복지 현장에서 치매 어르신들과 함께해왔습니다. 그들은 비록 기억의 조각들을 하나둘 흘려보내고 있지만, 그 속에서도 여전히 아름다운 순간과 행복했던 시간들이 반짝이고 있습니다. 작가는 그러한 어르신들의 모습을 티 없이 맑은 마음의 눈으로 바라봅니다. 때론 천진난만한 웃음을 짓고, 때론 눈시울을 붉히는 어르신들의 얼굴에 담긴 인생의 깊이를 발견합니다.

작가는 삶의 파편들을 하나하나 맞춰가듯 시어(詩語)로 그들의 기억을 되짚습니다. 어르신들이 더듬고 있는 기억들은 때로는 분명하고, 때로는 흐릿합니다. 그러나 그 어느 순간에도 그들은 자신만의 이야기를 살아가고 있습니다. 작가는 그들의 이야기에 귀 기울이며, 섬세한 언어로 그들의 시간을 기록합니다. 마치 바스러질 듯한 추억의 조각들을 소중히 담아내듯, 한 편 한 편의 시에는 어르신들의 인생이 고스란히 녹아 있습니다.

『조각난 기억, 사랑으로 남다』는 단지 치매 어르신들의 이야기만을 담고 있지 않습니다. 이 시집은 우리 모두의 이야기입니다. 누구나 시간 앞에 겸허해지며, 기억은 흐려지고, 인생의 마지막 장을 맞이하게 됩니다. 그 여정에서 마주하는 웃음과 눈물, 따뜻함과 쓸쓸함을 시인은 가슴 깊이 공감하고 있습니다. 시집 속에서 우리는 어르신들을 돌보며 맞닥뜨린 웃긴 일, 슬픈 일, 가슴 아픈 일, 따뜻한 일, 흐뭇한 일 등 수많은 감정의 순간들을 마주하게 됩니다. 이러한 체험과 생활은 작가의 손끝에서 빛나는 보석처럼 시어로 승화됩니다.

작가는 누구도 쉽게 접근하기 어려운 어르신 케어 분야를 진솔하게 그려내며, 독자들에게 깊은 울림을 선사합니다. 특히 작가의 따뜻한 시선과 섬세한 감정 표현은 독자의 마음을 어루만지며, 바쁜 일상 속에서 잊고 지내던 소중한 기억들을 되새기게 만듭니다. 또한 노년의 시간과 삶의 가치를 재조명하게 하고, 치매 어르신들을 대하는 우리의 마음가짐에 대해 고민하게 만듭니다.

『조각난 기억, 사랑으로 남다』는 단지 시집 이상의 가치를 지니고 있습니다. 잊힌 기억을 되찾아주고, 흩어진 추억을 모아 하나의 이야기를 완성해나가는 과정입니다. 그 안에서 우리는 삶의 소중함을 깨닫고, 세대와 세대를 이어주는 기억의 다리 위에서 서로를 이해하고 보듬는 법을 배우게 됩니다.

이 시집은 석양처럼 아름다운 여운을 남기며 독자의 마음속에 따뜻한 빛을 비춥니다. 최정숙 작가는 치매라는 현실을 넘어, 인생의 마지막 장에 이르러서도 여전히 반짝이는 조각난 기억들이 존재한다는 것을 알려줍니다. 그것은 우리에게 희망과 위로를 주며, 삶의 끝자락에서도 아름다움이 존재함을 깊이 깨닫게 해줍니다.

책을 마치며

　치매 어르신들과 함께했던 시간은 제 삶의 새로운 전환점이자 깊은 성찰의 여정이었습니다. 어르신들과의 교감은 단순히 돌봄이라는 역할을 넘어 한 인간의 삶을 더 깊이 이해하는 계기가 되었고, 그들의 이야기를 시로 표현하면서 저는 그들뿐 아니라 제 자신과도 소통할 수 있었습니다.

　치매는 기억을 잃어버리는 병이라고들 합니다. 하지만 그 잃어버린 기억 사이사이에는 여전히 지워지지 않은 감정과 흔적들이 남아 있습니다. 어르신들과 나눈 대화는 과거로의 여행 같았습니다. 때로는 울컥할 만큼 가슴이 메어오기도 했고, 때로는 순수한 아이 같은 미소에 저도 모르게 따스함을 느끼며 웃게 되었습니다. 그들과 마음을 나누는 과정은 단순히 그들의 이야기를 듣는 데서 끝나지 않았습니다. 그들의 마음속 응어리를 풀어내는 시간이었고, 동시에 저 역시 제 삶을 되돌아보는 기회가 되었습니다.

　이 책은 그러한 교감과 깨달음의 결과물입니다. 치매 어르신들에게 한 걸음 더 다가가고자 노력하면서, 저는 그들이 느끼는 상실감과 외로움, 그리고 가끔씩 내비치는 기쁨과 희망을 가까이에서 마주할 수 있었습니다. 그 과정에서 어르신들에게 드리고자 했던 작은 위로가, 때로는 저에게 더 큰 울림과 성장을 가져다주기도 했습니다.

글을 쓰는 동안, 돌봄이라는 것이 단순히 몸을 돌보는 행위가 아니라, 마음을 함께 나누는 일이란 것을 깨달았습니다. 어르신들의 이야기를 시로 옮기고 침상 곁에 붙여드릴 때 느꼈던 그 작은 순간의 행복이 얼마나 큰 의미를 갖는지 알게 되었습니다. 치매라는 병이 빼앗아 가는 것들 속에서도, 그들의 인간다운 존엄성과 따뜻한 감정은 여전히 살아 있음을 확인할 수 있었습니다.

저는 현재 요양보호사 교육원에서 강사로 일하며, 치매 어르신들을 돌보는 가족과 종사자들을 위해 실제적인 도움과 지침을 고민하고 있습니다. 그분들이 치매 어르신들과 함께하는 시간이 단순한 의무를 넘어 서로에게 의미 있는 시간이 되기를 바라는 마음으로 이 책을 썼습니다. 이 책이 치매 어르신들을 돌보는 가족과 현장의 종사자들에게 조금이나마 위로와 격려가 되기를 바랍니다. 또한, 일반 독자들에게도 치매 어르신들을 바라보는 시각을 넓혀주는 계기가 되기를 희망합니다.

이 책을 완성하는 동안 많은 감정이 교차했습니다. 때로는 어르신들의 삶이 보여주는 비극에 마음이 무거워졌고, 때로는 그들이 전해 주는 작은 웃음 속에서 큰 희망을 발견하기도 했습니다. 이 책을 통해 독자 여러분도 어르신들의 삶에 담긴 깊은 의미를 느끼고, 지금의 하루가 얼마나 소중한지를 깨닫기를 바랍니다.

마지막으로, 이 책의 영감이 되어주신 어르신들께 감사드립니다. 그들의 이야기는 단순히 치매라는 병에 갇힌 것이 아니라, 여전히 빛나고 소중한 삶의 일부였습니다. 그들 덕분에 저는 삶을 더욱 깊이 이해할 수 있었고, 그것을 독자들과 나눌 수 있다는 사실에 감사의 마음을 전합니다. 우리가 사는 세상은 때로 어렵고 고단하지만, 그 속에서도 빛나는 순간은 반드시 존재합니다. 이 책이 그 순간을 발견하는 데 작은 힘이 되기를 진심으로 바랍니다.

조각난 기억, 사랑으로 남다
최정숙 시집

인쇄 2025년 4월 18일
발행 2025년 4월 18일

발행인 이은선
발행처 반달뜨는 꽃섬 [서울시 송파구 삼전로 10길50, 203호]
연락처 010 2038 1112   E-MAIL itokntok@naver.com

ⓒ 최정숙, 저작권 저자 소유

ISBN 979-11-91604-50-4 (03810)

이 책은 저작권법에 의해 보호를 받는 저작물이므로 무단 전재와 복제를 금합니다